U0056257

缺電問題、核電危機、淨零碳排……
零概念看懂影響全球的能源議題！

人類活動
不可或缺的
能源

一般財團法人
能源綜合工學研究所／監修
卓惠娟／譯

前言

　　近年來常在電視新聞或報紙上看到有關「能源問題」或「再生能源」等詞彙。雖說提到「能源」一詞，多少能夠想像是講述什麼樣的內容，不過，當被問到「能源」究竟是什麼時，要正確無誤地說明並不容易。

　　我們日常說的「能源」，也就是「能量的來源」的意思。在日文中，能量與能源皆會使用德文的外來語「energie」，因此產生了各種見解，而且過度濫用，反而使很多人似懂非懂。本書將從第一個主題就詳細說明能量的定義，希望讀者務必從該頁開始閱讀。

　　只要讀過本書，就能掌握能量與能源的基本知識。同時也能理解我們在不知不覺中，生活已被形形色色的能量圍繞著。

　　另外，能源更是一項影響地球環境與國際關係的重大因素。如果少了能源，全世界的人們都無法生活與從事經濟活動。另一方面，由於地球暖化與「去碳化」，人類也正面臨能源利用的巨大轉換期。

　　因此本書除了能源學術上的基礎知識，還會介紹最新的科學技

術、能源相關的國際數據與制度等，鉅細靡遺地解說有關能源的趣味主題。透過插畫與圖解一目瞭然地解說一般人認為有點生硬的「能源」。

　　不僅汽車、發電廠，無論人類或其他動植物都必須依賴能源活動或運轉。換句話說，全世界都仰賴能源而生活。衷心期盼你能透過本書認識不可思議而深奧的能源世界，以及能源相關的問題。

一般財團法人**能源綜合工學研究所**

目次

第 **2** 章　好想知道！ 關於能源的各種知識

第3章 原來是這樣嗎？能源與世界各國 119 ▼ 174

第4章 明天就想找人聊的能源話題

＊本書介紹的內容以日文版2022年9月出版時的資訊為準。

第 **1** 章

原來如此！
了解能量的原理

我們平時經常使用「能量」這個詞，
然而，究竟什麼是「能量」？
本章將更深入解說有關能量的
真相、分類、特徵與歷史等基礎知識。

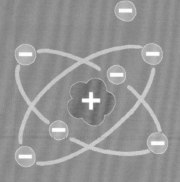

究竟什麼是能量?

[基礎]

讓物體的**狀態產生變化的能力**。
有各式各樣的種類,**能改變形態**!

平時我們隨口都會使用「能量」一詞,但究竟什麼是能量呢?所謂的能量,就是讓物體動作、變形、溫度上升等「做功的本領」。講得更白話一點,能量就是**讓物體狀態變化的能力**。

能量有各式各樣的種類。例如會移動的稱為「動能」;物體置於高處會有「位能」;有熱度的稱為「熱能」;因為化學變化而產生的稱為「化學能」;因為核分裂而形成的稱為「核能」。

另外,**能量同時具有轉變成其他能量形態的特質**(➡P16)。例如讓家電運轉的「電能」能因照明器具而變成「光能」〔**右圖**〕。

因為有能量,我們才能維持每天的生活。電腦或智慧型手機等電器用品,要是沒有電能就無法運作;瓦斯爐、浴缸則需要把瓦斯或電力轉換成熱能才能使用。我們**生活周遭的一切物體或現象,都是像這樣因為某種能量才能成立的**。

▶生活周遭的「能量」

我們在平日的生活中，習以為常地使用各式各樣的能量。

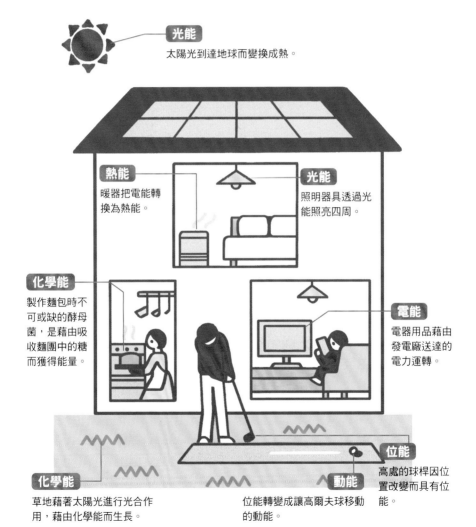

光能
太陽光到達地球而變換成熱。

熱能
暖器把電能轉換為熱能。

光能
照明器具透過光能照亮四周。

化學能
製作麵包時不可或缺的酵母菌，是藉由吸收麵團中的糖而獲得能量。

電能
電器用品藉由發電廠送達的電力運轉。

化學能
草地藉著太陽光進行光合作用，藉由化學能而生長。

動能
位能轉變成讓高爾夫球移動的動能。

位能
高處的球桿因位置改變而具有位能。

原來如此！了解能量的原理 **第1章**

02 能量是怎麼產生的？

[基礎]

 原來如此！

能量是從**能源**形成，
能夠**轉換為電能或熱能**！

　　能量的種類包括動能、位能、電能、熱能、化學能、核能等不同功能性質的能量。我們利用這些能量時，就是**使用天然氣、石油（煤油、輕油、汽油等）、煤、核能、太陽能、風力、水力、地熱等**資源。這些資源一般稱為**能源**。

　　尤其是平日生活中常用的電能，自然界並不存在可供人類直接利用的形態。因此，我們必須**使用能源，從動能、熱能、核能等能量轉換後製造出電能**〔**右圖**〕。

　　例如，燃燒石油以獲取熱能，產生水蒸氣驅動渦輪讓發動機運轉，轉變成動能，接著再以動能從旋轉的磁鐵與線圈產生電能。這就是火力發電的原理（➡P64）。

　　此外，家庭使用能量時，也必須透過輸送或轉換才能使用能源。例如，從供應廠商購買煤油或瓦斯運到家中，再透過提供沐浴或飲用的熱水器、電暖爐等設備，轉換成熱能後加以利用。

能量的來源就是「能源」

▶ 能源與能量

能量是從能源產生，例如電能就是使用下列能源，透過發電廠製造出來。

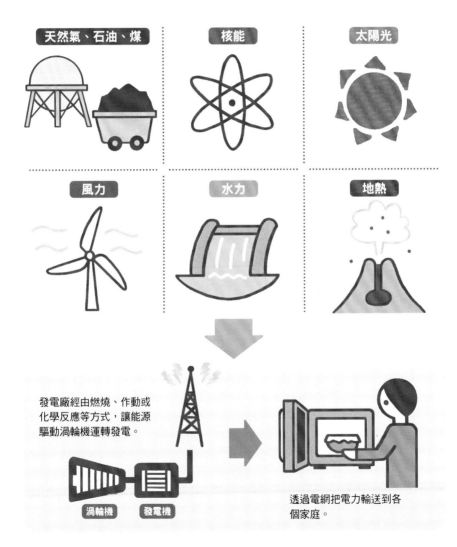

天然氣、石油、煤

核能

太陽光

風力

水力

地熱

發電廠經由燃燒、作動或
化學反應等方式，讓能源
驅動渦輪機運轉發電。

渦輪機　發電機

透過電網把電力輸送到各
個家庭。

原來如此！了解能量的原理　第1章

03 什麼時候開始出現「能量」這個詞？

[歷史]

原來如此！ 19世紀的物理學者講義中，
留下初次使用的紀錄！

　　「能量」是源自於希臘文中意指「工作」的「ergon」一詞。「ergon」再加上字首「en」而組成「energon」表示「活動的狀態」，**古希臘哲學家亞里斯多德則從這個詞彙創造出「energeia」，意指「活動」而逐漸普及**〔**圖1**〕。

　　17世紀艾薩克・牛頓發表三大運動定律及萬有引力定律，當時的物理公式已出現「**force（力）**」，但物理學者之間尚未使用「能量」一詞。到了19世紀，從「energeia」衍生而來的「**energy**」的英文詞彙，出現在物理學者的講義中，應該已成為常用的科學專有名詞。**19世紀後半，讓熱力學發揚光大的詹姆斯・普雷斯科特・焦耳、第一代開爾文男爵（威廉・湯姆森）等人大放異彩的時代以後**，「能量」一詞才成為普遍常見的詞彙〔**圖2**〕。

　　順帶一提，日本在明治時期經由德國傳入科學技術，因此能量一詞在日文中並非採用英式發音，而是接近德文發音。

▶「能量」一詞誕生於古希臘〔圖1〕

「能量」一詞最初是希臘文中表示「工作」的「ergon」。ergon經過變化後普及使用。

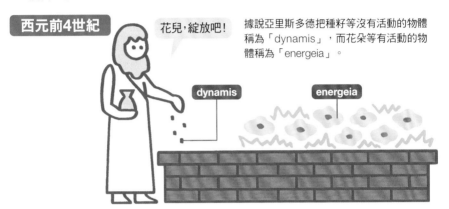

西元前4世紀

花兒，綻放吧！

據說亞里斯多德把種籽等沒有活動的物體稱為「dynamis」，而花朵等有活動的物體稱為「energeia」。

dynamis

energeia

▶從「力」衍生而成「能量」〔圖2〕

開始廣泛使用「能量」一詞，據說始於19世紀後半的英國。焦耳、開爾文男爵等人在熱力學的講義中曾經使用過。

17世紀

force

牛頓在萬有引力定律中使用「force」一詞。

19世紀後半

energy

焦耳等熱力學的宗師，發展出「energy」的觀念。

04 能量有什麼特徵?

[基礎]

絕對**不會憑空消失**,
也有可能**變成其他能量的狀態**!

　　能量**有可能轉換位置或動態、光、熱、形態,但不會憑空消失**。能量的這個性質,稱為「**能量守恆定律**」或「**熱力學第一定律**」。

　　我們以繩子懸吊一個小球的鐘擺為例。用手往左或右拿起小球,球在較高的位置具有位能(➡P26)。但是當手一放開,**位能便會轉變為動能**(➡P22)**,球體呈弧線落下**,接著往反方向移動,回到原本的高度後,動能再度變為位能,球體便靜止不動〔**圖1**〕。

　　我們經常會以各種方法利用像這樣的能量性質。以水力發電(➡P88)來說,就是把水庫蓋在海拔較高的地點,阻斷河流來儲水。**讓儲水所具備的位能往低處流動,轉換成動能,帶動渦輪發動機,再轉換成電能**。接著,讓這個電能使吸塵器馬達運轉,再度轉換為動能,或是轉換成熱能(➡P20),作為燒開水等其他用途〔**圖2**〕。

「能量」會改變樣態

▶ 能量改變樣態的「鐘擺」例子〔圖1〕

鐘擺不斷交替轉換動能與位能而產生擺動。

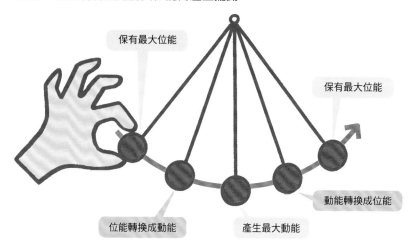

保有最大位能

保有最大位能

動能轉換成位能

位能轉換成動能

產生最大動能

▶ 能量改變樣態的「水力發電」例子〔圖2〕

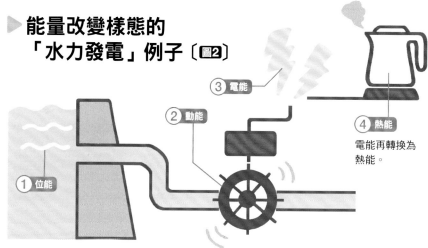

③ 電能

② 動能

④ 熱能

電能再轉換為熱能。

① 位能

水位於高處的位能轉換成動能，
讓渦輪發動機或發電機運轉而發電。

原來如此！了解能量的原理 第1章

Q 人類被「10萬伏特」擊中會發生什麼事？

| 會死 | or | 不會死 | or | 無法確定 |

有時我們會在動畫或漫畫中，看到能控制電力的角色。說到電力的單位，一般使用「Ｖ（伏特）」。那麼，當人類實際承受「10萬伏特」電擊時，會發生什麼情況呢？

伏特是表示電壓的單位。所謂電壓，是指「輸送電時需要的力量」，電壓和電流的相互作用，就形成電力。電流單位是以安培表示，電力單位則是瓦特（➡P62）。一般日本家庭使用的電壓，是100伏特及200伏特（台灣一般家庭為110伏特及220伏特）。**10萬伏特的電壓，相當於超高壓變電所將電壓升高後的電壓。**

那麼，人的身體如果被10萬伏特擊中會怎麼樣呢？

事實上，如果單純電壓升高，並無法知道對人體會有什麼樣的影響。**是否會受到傷害，要看流通體內的電流大小而定**。不論電壓有多高，只要電沒有流通身體就不會有影響。順便一提，**防身用的電擊棒多數設定的電壓為5萬～110萬伏特**，雖然電擊棒設定了高電壓，但電流設定則十分微弱。換句話說，關鍵因素是電流，**即使只有0.1安培的電流通過人體，也有可能致命**。此外，當身體潮濕時，由於電阻變小，所以即使相同電壓電流也會變大，有可能因而致命。

因此，無法光憑電壓判斷被10萬伏特擊中的後果，正確答案是「無法確定」。

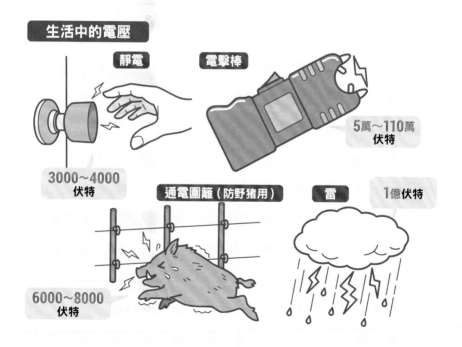

生活中的電壓

靜電 3000～4000 伏特

電擊棒 5萬～110萬 伏特

通電圍籬（防野豬用） 6000～8000 伏特

雷 1億伏特

05 熱能是什麼樣的能量？

[基礎]

原來如此！ 熱能從高溫物體轉移到低溫物體，只會單向移動！

倒入杯子裡的熱開水，具有「熱能」，如果把這杯熱開水靜置不管，熱能會往四周散逸，不久就會變成常溫。反過來說，在杯子裡倒入常溫的水會變熱嗎？除非有施加某些作用（例如微波加熱），否則不可能變成熱開水。

熱能就像這樣，只會從高溫物體轉移到低溫物體，而不會由低溫物體轉移到高溫物體。這就稱為「**熱力學第二定律**」。也就是說，熱能具備只能單向轉移的**不可逆性**〔**圖1**〕。

然而，冷氣機或冰箱，即使室內或冰箱裡十分冰涼，卻能持續把熱能轉移到外界，這是為什麼呢？

像冷氣或冰箱這類能把內部的一部分熱能移到外部的結構，稱為「**熱泵**」。冷氣機或冰箱之所以能把熱能轉移到外部，是從外部取得電能，運用壓縮機或風扇，**強制把熱轉移到外部**。冷氣機、冰箱會排放運用電能產生的熱，使整體能量的總量不變〔**圖2**〕。

熱能的轉移只會高溫⇒低溫

▶ 只能單向轉移的熱能〔圖1〕

把水槽用隔板分為兩邊，分別放入常溫及高溫的水。

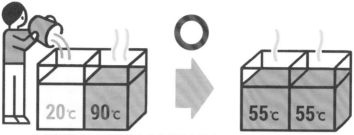

由於熱能只會從高溫的水往常溫的水移動，所以2個水槽的水溫會平均。

熱能不可能發生常溫水往高溫水移動的狀況，因此水溫絕對不可能由低溫變高溫。

▶ 熱泵的原理〔圖2〕

冷氣機是利用熱泵的功能，強制把熱能轉移到外部。

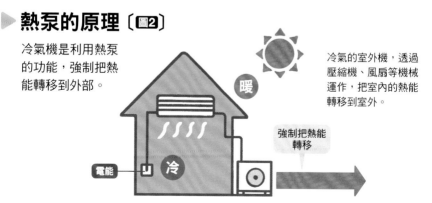

冷氣的室外機，透過壓縮機、風扇等機械運作，把室內的熱能轉移到室外。

06 動能是什麼樣的能量？

[基礎]

原來如此！ 動能是**運動中的物體**具有的能量。
愈重且愈快速的物體具有**愈大能量**！

當轉動的保齡球擊中排列的球瓶，球瓶會被擊飛出去。另外，射出飛鏢時，飛鏢會插進鏢靶。這些現象是因為**運動中的物體，具有讓其他物體移動或變形的能量**。像這樣，運動中的物體具有的能量，就稱為「**動能**」。

以保齡球為例，當保齡球愈重，擊中球瓶的力量就愈大。而飛鏢是速度愈快，刺入鏢靶愈深。也就是說，動能的大小會因**運動中的物體質量、速度而改變**〔**右圖**〕。

動能以英語的「kinetic energy」首字「K」表示，物體質量為m，速度為v，則公式可以寫為$K=\frac{1}{2}mv^2$。

由於動能等於質量乘以速度平方後的數字再除以2，所以當**質量與速度的數值愈大，能量就愈大**。尤其速度的數值是平方的緣故，所以對於能量的總量有更大的影響。這樣就可以得知具重量且高速行駛的車子具有多大的能量了吧？

快速移動的物體能量更大

▶ 隨質量與速度改變的動能

速度對動能的影響比質量更大。

動能公式

$$K = \frac{1}{2}mv^2$$

物體的質量為m，速度為v，動能為K，彼此的關係以此公式表現。

10磅的保齡球慢速丟出的情況（假設為Ⓐ）

$$K = \frac{1}{2} \times 1 \times 2^2$$

$$= 2$$

簡單地把10磅設定為m＝1，慢慢丟出的速度設定為2時，K就等於2。

質量加倍

慢慢丟出1個20磅的球時

$$K = \frac{1}{2} \times 2 \times 2^2$$

$$= 4$$

質量為Ⓐ2倍的m＝2，速度與Ⓐ相同，即v＝2，所以K＝4。

速度加倍

10磅的保齡球快速丟出的情況

$$K = \frac{1}{2} \times 1 \times 4^2$$

$$= 8$$

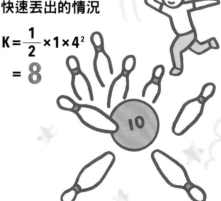

質量為與Ⓐ相同的m＝1，速度為Ⓐ的2倍，即v＝4，所以K＝8。

原來如此！了解能量的原理　第1章

07
[基礎]

為什麼滾動的球
會自然停止不動？

原來如此！ 動能會因為**摩擦力**
轉換為熱能！

　　舉例來說，在平坦且水平放置的桌面上，用手推動一個立方體積木，當手一離開，積木會立即停住。這是因為什麼樣的力量呢？在積木和桌子接觸的平面，讓物體停住不動的力量，稱為「**摩擦力**」。摩擦力<u>會在物體運動時產生反方向的作用力，由於動能轉換成熱能，使動能減少，物體就會停住</u>〔**圖1**〕。

　　但是，若是把積木換成圓圓的球，在相同條件下，當手一離開，球依然會繼續滾動，這是因為球體和積木相較之下，接觸面積小，摩擦力作用比積木小得多，但即使如此，仍有小小的摩擦力產生作用，因此球體速度會漸漸減慢，最後停住不動。

　　球之所以也有摩擦力產生作用，是因為球或地板其中之一，或是兩者都因為受壓產生些微變形而變平，因而形成「接觸面」。換句話說，更精確的原因是：**球之所以停下來，是因為滾動使球重複變形，因而產生更多摩擦，所以動能轉換為熱能**〔**圖2**〕。像這樣停止轉動的力量，稱為「滾動阻力」或「滑動阻力」。

球停住時有2個力量作用

▶ 使動能為零的摩擦力〔圖1〕

像立方體積木這樣和平面接觸面較大的物體，會產生較大的摩擦力，因此就算推它還是會自然停止。

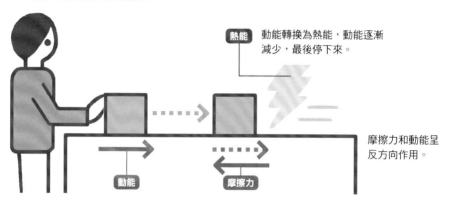

熱能　動能轉換為熱能，動能逐漸減少，最後停下來。

摩擦力和動能呈反方向作用。

動能

摩擦力

▶ 球停下來的原理〔圖2〕

球停下來時，摩擦及球的變形使動能轉變為熱能。

與平面接觸的面積擴大時，可知球體或平面產生變形，接觸面變大。

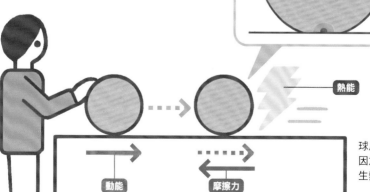

熱能

球反覆變形，因為摩擦而產生熱能。

動能

摩擦力

原來如此！了解能量的原理　第1章

08 位能是什麼樣的能量？

[基礎]

原來如此！ 位能是高處物體具有的能量。
高處的物體愈重，能量愈大！

從結了厚厚冰層的池水上方丟下石頭時，冰層會產生裂縫。從石頭對冰層造成裂縫的「變化」，可以得知石頭具有某種能量，這個能量就稱為「**位能**」。

比方說，從低處丟下石頭可能只會使冰層產生裂縫，但從高處丟下石頭，可能會使冰層破裂。另外，同樣的高度丟入小石頭可能使冰層產生裂縫，但如果拋下又大又重的石頭，冰層可能會破裂。像這些**不同情況對位能產生的影響，可以用U=mgh的公式**來表現。

m是質量，g是重力加速度約為9.8m/s^2，h是高。也就是說，**質量m和高度h的數值愈大，位能U就愈大**〔 **圖1** 〕。

位能也符合「能量守恆定律」。例如，以地面為基準設地面高度為0時，假設某個人在樓梯上失去平衡摔下來而扭到腳。這時在樓梯上以及著地時的位能都是0，但必定有某種能量改變了形態。以這個情況來說，就是使腳踝變形的能量，導致了腳扭傷的結果〔 **圖2** 〕。

高度和重量決定能量的大小

▶ 隨著質量和高度改變的位能〔圖1〕

在結冰的池水上，比較分別從低處和從高處丟下石頭的現象。

B

較高的位置

光是高度就提升了位能。

A

較低的位置

從**A**的位置丟下小石頭時，冰層只產生裂縫；但丟下大石頭則破了一個洞。

冰層

破了一個洞

產生裂縫

從較高的位置**B**丟下和**A**的位置相同大小的小石頭，則破了一個洞。

▶ 位能改變形態的例子〔圖2〕

根據「能量守恆定律」，位能時常產生變化，但不會憑空消失。

2 摔下來時位能變為0。

3 原本的位能轉變成使腳踝變形的能量。

位能

1 在樓梯上具有位能。

扭傷

大金字塔的位能

約24億千焦

工人1天消耗的能量

約450千焦

地球上現在仍有許多未解開之謎，其中一個是「**埃及吉薩的大金字塔，究竟動用了多少工人建造而成？**」，最普遍的說法認為動用了10萬人花了數十年的時間建造而成。然而，加拿大曼尼托巴大學的名譽教授瓦茨拉夫·斯米爾（Vaclav Smil）博士在《IEEE 綜覽（IEEE Spectrum）》2020年6月號發表他獨特見解的假設，認為這個推測並不正確。

博士運用了金字塔的位能來推斷有多少工人，他認為建造金字塔所需的能量，可以從重力、加速度及質量、重心的積來推估出**大金字塔的位能約達24億千焦**。每名工人1天消耗的能量約為450千焦，1年工作300天的情況下，1年約需18,000人。但是，建造吉薩大金字塔的古夫王，在位期間約20年。**若以20年完成金字塔來估算，大**

可以用位能計算出來？

建造大金字塔的工人試算

大金字塔的位能

約**24億**千焦

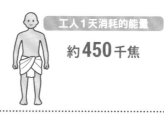

工人1天消耗的能量

約**450**千焦

計算後

1 **1天建造完成**

需要約**530萬**人

24億÷450＝530萬

2 **1年建造完成**（300天）

需要約**1萬8000**人

530萬÷300＝18,000

3 **20年建造完成**

需要約**900**人

18,000÷20＝900

在位期間 20年

古夫王

約只要900名工人就可以建造完成。

　　即使再加上其他外觀覆面磚的光滑作業、裁切石材等工作的人數，工人數量大約3,300人。再加上設計、監工、搬運、工具保養、烹飪洗衣等雜務人員也計算在內，應該不會超過7,000人。當時的王國人口據估算大約150～160萬人，如果這個假設正確的話，**從整個國家整體來看，負擔應該沒有過去所想像得那麼沉重。**

原來如此！了解能量的原理　**第1章**

能量的多寡是以
什麼單位來表示？

原來如此！ 力學中的能量單位是焦耳（J）。
把100g的物體舉高1m為1焦耳！

　　力學上的**能量單位是「焦耳」**。焦耳是用來表現功、熱量、電能的單位，以「J」來表示。另外，力的單位使用N（牛頓）表示。N是因為物理學家牛頓（➡P14）而制定的單位。我們不妨把N置換成我們熟悉的質量（g）。雖然數值不夠精確，但這裡先假設1N等於施加於100g的力量（重量）。

　　移動物體的能量可以用「**J（功）＝N（力）×距離**」公式計算出來。套用這個公式的話，舉起100g（1N）物體到1m高所需的功，就會是1N×1m得出1焦耳的數值。

　　比方說，在超市的冷藏食品賣場，把100g的冷藏肉舉到1m高需要的功，就是1焦耳〔**圖1**〕。

　　必須注意力學上所指的「功（work）」的概念，我們日常說到「工作（work）」時，是指「工作了1個星期」，或是「加班3小時」等，會考量到做出成果的「時間」。但是**力學上的「功」則和時間沒有關係**。例如把30kg的包裹舉高到1m時，不論舉起3秒或10秒，在力學中都是相同的「功」〔**圖2**〕。

力學的功和花費時間無關

▶表示能量的「焦耳」〔圖1〕

焦耳是以「力×距離」的公式求出的數值。這時候力的單位是「N（牛頓）」。

1N是什麼？

1N（牛頓）的定義是指要使質量1kg的物體產生1m/s²的加速度時所需要的力。由於1.0kg×約9.8m/s²＝9.8N的算式成立，所以1N其實大約為102g。

$$1N \times 1m = 1J$$

從肉品賣場的冷藏貨架上拿起100g的肉，拿高到1m距離時的功約為1焦耳。

▶和花費時間無關的「功」〔圖2〕

力學中做相同重量的工作，就是相同的「功」，和花費多少時間無關。

力學的「功」相同！

好重！

10秒

好不容易抬起30kg包裹時。

輕輕鬆鬆～

3秒

輕鬆抬起30kg的包裹時。

原來如此！了解能量的原理　第1章

10
[知識]

植物的能量來源是什麼？

原來如此！ 植物藉由**來自太陽的光能**進行光合作用，使用**化學能**成長！

太陽1秒約傳遞42兆千卡（➡P34）的熱量到地球。據說**約為每秒全球人類使用石油或電力能量的2萬倍以上**。這個能量大約有0.02%由地面上的植物接收。植物利用太陽光進行光合作用，從水和二氧化碳藉由化學反應製造出碳水化合物和氧。就這層意義而言，**光合作用可以說是具有把太陽的光能轉變為化學能的功用**〔**圖1**〕。**製造出的碳水化合物，和由根部吸收的無機物（氮或磷等）產生化學變化**，轉變為植物成長所需的能量來源。

草食動物或魚、浮游動物、昆蟲等藉由食用植物獲得能量。而肉食動物捕食這些動物來取得能量。生物之間「吃與被吃」的單向關係稱為「**食物鏈**」。**能量就像這樣在食物鏈之間傳遞著**〔**圖2**〕。

我們並不僅是把樹木當作直接燃料使用，更會利用來自植物的煤以及來自動物的石油。而追本溯源，這些都來自太陽光的能量。這麼一想，就能了解我們的生活受到多少太陽能量的恩賜。

從<u>光能</u>到化學能

▶ 改變能量形態的光合作用〔圖1〕

所謂光合作用，就是把太陽的光能變為化學能。

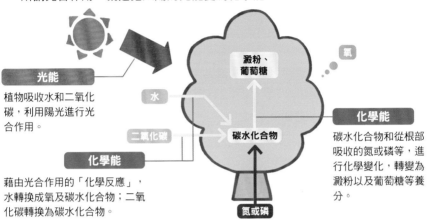

光能

植物吸收水和二氧化碳，利用陽光進行光合作用。

化學能

藉由光合作用的「化學反應」，水轉換成氧及碳水化合物；二氧化碳轉換為碳水化合物。

澱粉、葡萄糖

氧

水

二氧化碳

碳水化合物

氮或磷

化學能

碳水化合物和從根部吸收的氮或磷等，進行化學變化，轉變為澱粉以及葡萄糖等養分。

▶ 食物鏈的能量流程〔圖2〕

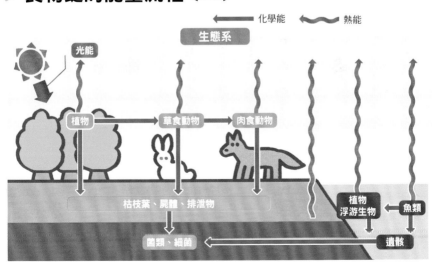

化學能　　熱能

生態系

光能

植物　　草食動物　　肉食動物

枯枝葉、屍體、排泄物

菌類、細菌

植物浮游生物　　魚類

遺骸

生物在生存狀態下，傳遞植物製造的化學能，並釋放出熱能。

11
[知識]

讓人類活動的能量
是什麼？

**原來
如此！** 攝取**食物**，轉換為**化學能**、
熱能來行動！

　　汽車、火車沒有汽油或電力就無法行駛，同樣的，人類若是不吃東西獲取能量，就無法生存。

　　人類食物的能量主要源頭來自太陽（➡P32）。植物獲取太陽光能的一部分進行光合作用，製造生命活動所需的碳水化合物。這時，來自太陽的光能會轉變為化學能的形態。

　　草食動物吃了這些植物得到能量，而**人類則食用動物或植物獲得能量**，然後在體內產生各種化學反應，藉由這些化學能發熱、進行代謝。**任何生物存活的通則，就是將陽光的恩惠在體內轉換成化學能，藉以生存下去**〔**圖1**〕。

　　順便一提，從食物獲得能量的量（熱量）的單位使用「kcal（千卡）」表示。**1kcal 是1公升的水溫度上升1°C所需的能量**〔**圖2**〕。人類1天所需的能量，依活動量和體重而不同。例如需要上下班、購物、做家事的18～29歲標準體重的人，1天所需的能量，男性約為2650kcal，女性則約為2000kcal。

動物藉由化學能活動

▶ 能量從太陽到人類身上的過程〔圖1〕

人類藉由攝取植物或動物，在體內產生各種化學反應而產生能量。

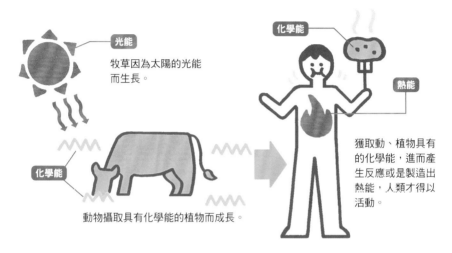

光能

牧草因為太陽的光能而生長。

化學能

動物攝取具有化學能的植物而成長。

化學能

熱能

獲取動、植物具有的化學能，進而產生反應或是製造出熱能，人類才得以活動。

▶ 人類所需的能量〔圖2〕

從食物獲取的能量，以kcal（千卡）表示。

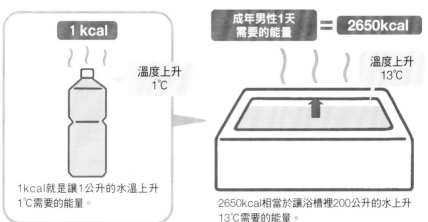

1 kcal

溫度上升1℃

1kcal就是讓1公升的水溫上升1℃需要的能量。

成年男性1天需要的能量 ＝ 2650kcal

溫度上升13℃

2650kcal相當於讓浴槽裡200公升的水上升13℃需要的能量。

12 [歷史] 人類是什麼時候開始用火的？

原來如此！ 人類**開始用火**，始於**大約50萬年前**。
遺留取暖、燒烤食物的痕跡！

一般認為人類最早出現於700萬年前的非洲森林，而歷經650萬年後終於開始用火。因為**從50萬年前的北京猿人遺跡當中，發現了用火的痕跡**。

可以推測當時的人類已學會在必要時升火，以及添加樹枝、枯草讓火苗不要熄滅等控制火焰大小的方式。除了烹調食物，並且可以藉由升火避免遭受其他肉食動物攻擊。另外，一般認為當時已經會利用火在漆黑的夜晚照明，或是在寒冷時用於取暖〔**右圖**〕。火在當時，主要用於**製造光與熱的能量**。

由於知道用火而使得人類的生活方式發生巨大變化，因此火的利用被稱為「**第一次能源革命**」。

以上是一般對於人類什麼時候開始用火的見解。不過，1999年時登錄為世界文化遺產的南非共和國斯瓦特克朗（Swartkrans）洞窟中，發現許多人為以火烤焦動物骨頭的痕跡，這些骨頭若能驗證是人類用火的確切證據，人類最初用火的歷史，則要再往前推估至**100萬年前甚至150萬年前**。

火的利用是「第一次能源革命」

▶ 從開始用火到應用〔圖1〕

一般認為人類已知用火大約是從50萬年前開始。由於能夠用火使做得到的事項增加,人類的生活形態也跟著改變。

1 從自然現象發現火

人類從打雷或岩漿使草木燃燒等現象發現了火。

2 能夠自行取火

敲擊火石等工具,在需要時有火可用。

3 能夠利用火

有了因應不同目的而利用火的智慧。

升火來避免遭受野獸攻擊

燒烤肉類等食物

用火取暖、照明

Q 「能源」這個詞彙，一開始在日本是什麼譯名？

力能 ＞ or ＞ 精力 ＞ or ＞ 和現在一樣（エネルギー）

明治時期，日本從西方傳進許多外來語。有些音譯的詞彙使用漢字成為新的日文詞彙，如「亞米利加」（美國）。那麼，源自德國，直接使用片假名標示的「エネルギー」，最初在日文中是如何表示呢？

　　明治初期接收了許多來自西方的概念及詞彙。多數詞彙翻譯成日文時都使用漢字。例如speech寫成「演說」；baseball寫成「野球」（棒球）。**這類詞彙的日文譯名主要來自福澤諭吉的翻譯。**除了剛剛提到的「演說」，諸如「自由」、「經濟」、「為替」（匯兌）等，都出於福澤諭吉的翻譯，這些詞彙依然沿用至今，絕大多數的日

本人也經常使用。

　　當時「energy」一詞也經由德國傳到日本，不知為什麼並未使用漢字，而是以片假名標出近似發音。若以語意來說，意義最相近的漢字應該是**「力」，或是在中文裡也能表現出能量語意的「能」字**。

　　或許當時「エネルギー」一詞運用在許多不同的意義上。因此**如果以日文的單一詞彙較難貼切表現在各個不同的使用情境吧**？

　　因此，這個題目的正確答案是「和現在一樣」。

含有「能量」意義的他國詞彙

阿拉伯文

TAQT

泰文

Phlạngngān

阿拉伯聯合大公國阿布達比中，也有名為TAQT的國家能源企業。

也有直接音譯「energy」的詞彙，但日常會話中並不使用。

13 煤是怎麼形成的？

[資源]

原來如此！ 深埋在地底的**遠古植物**
因為熱或壓力變化而成！

「煤」是我們十分耳熟的能源，究竟煤是怎麼形成的呢？

煤是從古生代的石炭紀（約3億5920萬年～約2億9900萬年前）到新生代的第三紀（約6600萬年～約2303萬年前）繁茂的**植物枯萎堆疊，受到地底壓力及高溫而分解改變形態，主成分為碳及氫的物體**〔**圖1**〕。

人類自古就開始使用煤。已知煤在西元前3000年左右就作為燒製陶器的燃料。但是真正開始大量使用是在18世紀後半，歐洲的蒸汽火車發明，工業化與機械化快速演進的「**工業革命**」時期之後（➡P44）。

煤的分類是依據碳化程度，依碳化程度由高至低可分為無煙煤、煙煤、次煙煤、褐煤等。**無煙煤**的煙最少品質良好，作為工業爐用燃料；**煙煤**特點為加熱後固定性高，用於製鐵時的燃料；**次煙煤**和煙煤類似但含水較高，所以較不好利用。**褐煤**由於碳化程度低，通常多作為一般燃料使用〔**圖2**〕。

煤是數億、數千萬年前的植物

煤形成之前〔圖1〕

1 枯萎的植物埋於地底

從石炭紀開始到第三紀期間在水邊繁茂的植物，枯萎後落入水底，之後深埋於地底。

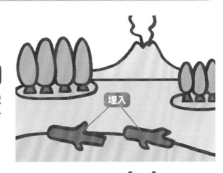

2 壓力及高溫而分解

深埋的植物遺骸，經過漫長期間被地底的壓力及高溫分解，因而產生質變。

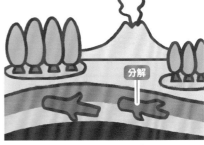

3 質變形成煤

逐漸質變，形成主成分為碳和氫的堅硬「煤礦」。

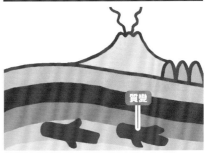

煤的種類〔圖2〕

分類	褐煤	次煙煤	煙煤	無煙煤
碳化程度	低	碳的含量		高
發熱量（kcal/kg）	5,800~7,299	7,300~8,099	8,100~	─

14 石油是怎麼形成的？

 原來如此！ 海底生物的屍骸沉積海底，
經過漫長期間產生化學變化而形成！

有關石油的形成，從很久以前就有諸多說法。現在一般採信的「**有機起源說**」，認為**石油和煤同樣是因為生物遺骸受到地熱及地層壓力分解而形成**〔**右圖**〕。

根據有機起源說，生物遺骸加上土沙堆積，並受到地層壓力及地熱分解，因而變化為「**油母質**」的化學物質。而**油母質再進一步分解成為石油或天然氣**。石油中所含的金屬成分「釩」可以從許多不同生物中檢出，成為石油有機起源說的證據。

過去一度興起的「**無機起源說**」，認為石油是地球內部產生化學反應所致。這是因為照理來說已開採完畢的油田，發生再次冒出石油的現象。

「**行星起源說**」認為，當行星生成之際，原本封閉的大量碳化氫因為地熱和地層壓力產生變化，因而形成石油浮到地表。

「**細菌起源說**」則主張，靜岡縣的相良油田發現的細菌，放在沒有石油也沒有氧氣的環境下，會利用二氧化碳在細胞內形成原油。

「油母質」釋放出石油或天然氣

▶ 石油的形成

石油的形成有多種說法,目前一般採信的是「有機起源說」。

1 遺骸堆積

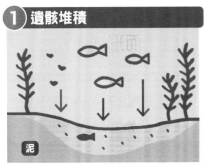

泥

魚類等水中生物或微生物遺骸沉入海底。

2 轉變為油母質

土沙

油母質

土沙落下堆積,遺骸因地裡的熱度及壓力分解,轉變為「油母質」。

3 變化為石油

①~②反覆發生,經年累月後,受到細菌或地底熱度影響而變化為石油。

4 堆積在岩石層中

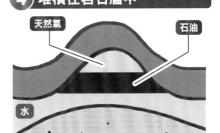

天然氣　　石油

水

石油因為地底的壓力而被推擠到地表,和天然氣等一起堆積在岩石層中。

煤是植物,石油是生物

煤來自植物遺骸,而石油則來自古代生物(魚或微生物)遺骸是兩者的主要差異。另一方面,共通點是因地底的熱度及壓力發生化學變化而引起質變。

煤

煤主要來自植物遺骸。

石油

石油主要來自古代生物遺骸。

原來如此!了解能量的原理　第1章

15 [歷史] 因工業革命產生革命性變化的是什麼？

原來如此！ 工業及社會結構產生劇烈變化。
化石燃料的運用、電的發明使生活更便利！

　　提到工業革命，通常指18世紀到19世紀期間發生的工業及社會結構變革。不僅能量的使用方式發生巨大變化，並且發生形形色色的技術革新。

　　工業革命初期，由於燃煤蒸汽機問世，使棉織品進入自動化生產。另外，鐵路及蒸汽船的發明，加速交通工具的變革，製鐵業的成長更成為背後推動的助力。連帶使得產業、經濟、人們的工作與生活方式都產生巨大的改變。這就是**第一次工業革命（第二次能源革命）**〔**右圖**上〕。

　　第一次工業革命後，變化速度繼續加快。以往蒸汽機使用「**外燃機**」，是在活塞外部燃燒固狀的煤炭來產生蒸汽。1800年代後期開始，石油、天然氣問世，發明了能夠直接在活塞內部燃燒液體石油而產生動力的「**內燃機**」。使得汽車、船舶、鐵路、飛機普及，這是**第二次工業革命**。

　　同時，**用電技術發明後，開始能充分利用照明、動力**，電的運用稱為**第三次能源革命**。由於電的運用，電梯、電車、吸塵器、洗衣機、收音機、電視等家電用品也因而普及〔**右圖**下〕。

蒸汽機和電力維持日常生活

▶ 第一次工業革命與第二次工業革命

一般來說，提到「工業革命」，都是指第一次工業革命。

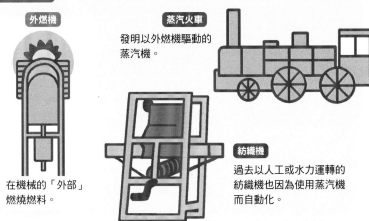

| 第一次
工業革命 | 蒸汽機讓棉織品製造自動化，人類發明了鐵路、蒸汽船，鋼鐵業蓬勃發展。相當於第二次能源革命。 |

18世紀

外燃機

在機械的「外部」燃燒燃料。

蒸汽火車
發明以外燃機驅動的蒸汽機。

紡織機
過去以人工或水力運轉的紡織機也因為使用蒸汽機而自動化。

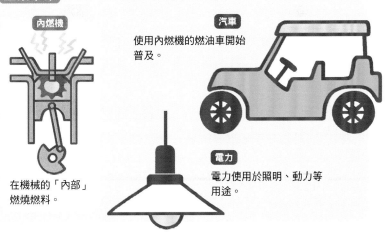

| 第二次
工業革命 | 小型內燃機的發明，相較於外燃機，交通、運輸更加便利。不久因為電力的發明，而發生第三次能源革命。 |

20世紀初期

內燃機

在機械的「內部」燃燒燃料。

汽車
使用內燃機的燃油車開始普及。

電力
電力使用於照明、動力等用途。

原來如此！了解能量的原理 第1章

16 電是什麼？ 是什麼樣的原理？

[電]

原來如此！ 電子流動產生的能量就是電。
電子流動時，反方向則發生電流！

生活中少不了的電是怎麼形成的呢？

電是因為稱作「自由電子」的微小粒子（基本粒子）移動時發生的能量〔**右圖**上〕。18世紀後半，表示電的流動所稱的電流，定義為「正極流向負極」。經過大約100年後，發現電子是由負極移動到正極。直到今日一般說明這個概念仍是電流由正極流向負極；電子則是負極移動向正極。

就如同水是從高處往低處流，**電流也是從高電位流向低電位**〔**右圖**中〕。這時電流大小以安培（A）表示；使電流移動的電壓則以伏特（V）表示〔**右圖**下〕。

雖然人類很久以前就知道有電的存在，但真正朝向實用化的研究進展，則是在進入18世紀以後。1740年代發明了能夠儲存靜電的「萊頓瓶」，而義大利物理學家亞歷山卓・伏打（Alessandro Volta）於1780年發明世界第一個電池「伏打電堆」（➡P58）。1831年，英國化學家**麥可・法拉第（Michael Faraday）發明發電機後，應用在許多電器用品上，電的時代真正到來。**

▶ 電的流動原理

原子的結構

原子是原子核和圍繞四周的電子所組成。電流是電子遠離原子核的四周移動而形成。

自由電子

電子飛出軌道，就成為「自由電子」

原子核

電子

電子移動與電流

電流的流向與電子的流向相反。

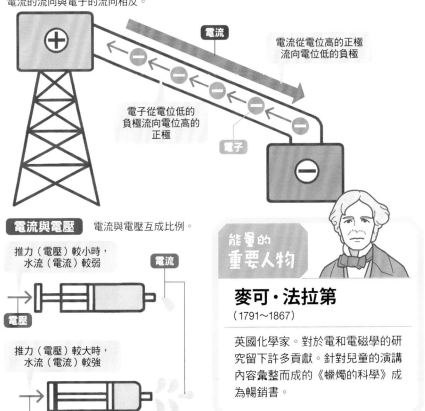

電流

電流從電位高的正極流向電位低的負極

電子從電位低的負極流向電位高的正極

電子

電流與電壓 電流與電壓互成比例。

推力（電壓）較小時，水流（電流）較弱

電流

電壓

推力（電壓）較大時，水流（電流）較強

電壓

能量的重要人物

麥可·法拉第
（1791～1867）

英國化學家。對於電和電磁學的研究留下許多貢獻。針對兒童的演講內容彙整而成的《蠟燭的科學》成為暢銷書。

什麼時候開始知道電的存在？

原來
如此！
古希臘人用布擦拭琥珀，
發現的「靜電」為最早！

人類開始注意到電的存在，據說大約是距今2600年前，也就是西元前600年左右。古希臘哲學家**泰利斯用毛皮、布擦拭琥珀時，發現有一股吸引灰塵或鳥類羽毛等輕盈物體的力量**〔**圖1**〕。

琥珀是由樹木分泌的樹脂埋藏在土沙中，超過數千萬年，甚至數億年而改變形態，成為茶色石頭般的物質。在久遠的年代埋藏在地底的松木等的樹脂，發生化學變化而變得如同石頭般。在古希臘被當作寶石裝飾品的琥珀，泰利斯說不定是為了使琥珀更光彩奪目，所以才用布去擦拭。

當時還不知道這個吸附物體的力量是靜電。**泰利斯認為是「磁石吸鐵」的力量所引起**。不過，後世知道什麼是靜電，原本用來**表示琥珀的古希臘文「elektron」，後來成為電「electricity」一詞的語源**〔**圖2**〕。

泰利斯是古希臘「七賢人」當中的其中一位哲學家，潛心研究天文學、測量術等。據說他也精通幾何學及土木技術，曾計算出金字塔的高度。

電一開始被認爲是磁力

▶泰利斯發現靜電〔圖1〕

古希臘哲學家泰利斯從偶然發生的現象，注意到靜電的存在。

唗
黏住了！

琥珀

鳥類羽毛

用布摩擦後，琥珀吸附住灰塵或鳥類羽毛等。泰利斯認爲是磁石吸鐵的現象。

能量的
重要人物

泰利斯 （西元前624年～
西元前546年左右）

古希臘哲學家。證明一個圓的直徑和圓周角上的一點所形成的三角形一定是直角三角形的「泰利斯定理」，運用於測量術，預測日蝕等。

▶靜電產生的原因〔圖2〕

釋放負的電力現象，就是靜電。當向著人體釋放出負電時，體內有電流通過，會感受到輕微疼痛。

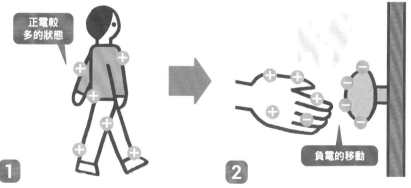

正電較
多的狀態

負電的移動

1 人或物通常都帶有相同數量的正電與負電，當產生摩擦時，就會變成正電較多的狀態。

2 碰觸到金屬，金屬的負電被人體的正電吸過去，所以會感覺疼痛。

原來如此！了解能量的原理 **第1章**

Q 一次雷擊的電力可以為 幾輛電動汽車充電？

90輛	or	900輛	or	9000輛

光看就帶有龐大電力的雷。過去曾觀測到10億伏特以上的雷。現在雖然還沒有可收集雷的電力技術，要是能運用在電動汽車的動力來源，會變成怎樣呢？

據說**雷的標準電壓大約1億伏特，電流為1000～20萬安培**。一般家庭使用的電壓為100伏特，電流為15安培左右，這麼一比較，就知道雷的能量有多麼厲害了吧？

接下來，為了和汽車電池比較，我們先計算雷的電力有多少吧！計算公式為**電力（W）＝電壓（V）×電流（A）**，所以套入公

式後，得出**1億V×20萬A＝200兆W＝200億kW（瓩／千瓦）**。

接著是電動汽車的電池電力。電池容量經常使用的單位是「kWh（瓩時）」，俗稱「度」，是用來表示消耗電力的單位。電力的消耗是以「電力（kW）×時間（h）」來計算。

我們先假設所有的能量都能瞬間充電。如果電池容量是60kWh，時間以0.001秒來計算時，可以得出雷的能量為5556kWh，雷的電力除以這個數值，得出**5556kWh÷60kWh＝約92**。所以正確答案為可以為「90輛」電動汽車充電。

雷的能量試算（能充電的汽車數量）

打雷的時間假設為0.001秒

電力（W）＝電壓（V）×電流（A），所以

雷的電力＝1億V×20萬A＝200兆W＝200億kW

雷的能量＝200億kW×0.001秒÷3600h/秒
　　　　＝5556kWh

一次雷擊能量為 5556kWh

電動汽車的電池容量假設為60kWh

電的能量除以電動汽車的電池容量

5556kWh÷60kWh＝約92

也就是能為 **92** 輛車 充電

18 [電] 怎麼知道雷的本尊是電？

原來如此！

班傑明・富蘭克林
使用**風箏**證明**雷的實驗**！

雷的本尊就是電，是現代人的常識。但在18世紀，還只停留在推測「大概是電」的程度，仍是一個巨大的謎題。直到美國政治家，也是物理學家的**班傑明・富蘭克林**解開這個謎題。

1752年6月，他在**打雷的時候放風箏**。風箏上頂端繫了一根尖細的金屬絲，手上的風箏線則綁了一個金屬製的鑰匙，並準備好萊頓瓶（➡P46）檢驗。萊頓瓶是一個能夠儲存靜電的裝置。這是一個極具危險性的裝置，在實驗時雷的電力會導電到鑰匙，**萊頓瓶能將電力儲存起來**，因此能證明雷就是電〔**右圖**〕。

由於這個實驗危險性極高，現在仍有人懷疑富蘭克林是否真正進行了這個實驗。事實上，後來有人模仿他試圖重現這個實驗，卻因而遭到雷擊身亡。不過，富蘭克林冒死實驗的成果，讓他成為世界最早成立的科學學會——倫敦王家學會的會員。

另外，富蘭克林因為**這個實驗的成果發明了避雷針**，並發明了安全壁爐、雙焦眼鏡等。

▶富蘭克林的風箏實驗

繫著金屬絲的風箏受到閃電雷擊，透過金屬的鑰匙把電儲存到萊頓瓶的實驗。

金屬電極
絕緣體
鋁箔
金屬鎖鏈

萊頓瓶是一個收集靜電的裝置。在玻璃瓶的內外側貼上鋁箔作為電極，金屬棒前端的鎖鏈和鋁箔接觸的構造，能把靜電儲存在鋁箔中。

風箏上繫著金屬絲

雷的電力透過潮濕的麻繩傳導

金屬鑰匙能導電，把電力儲存在萊頓瓶

能量的
重要人物

班傑明・富蘭克林
（1791～1867）

美國政治家、外交官、物理學家、氣象學家。也是起草美國獨立宣言的成員。美國開國元勛之一。100美元的紙鈔上也繪有他的圖像。

19 電是怎麼運送到每個家庭？

[電]

原來如此！ 從發電廠經過輸電系統，再經由幾個變電所，改變電壓運送到家！

電力送到一般家庭到底經歷哪些過程呢？首先，電力是利用天然氣、石油、煤、核能、太陽能、風力、水力、地熱等能源，**在發電廠製造出來的**。發電廠能製造出數千～2萬V（伏特）電壓的電力。

這些電力先在發電廠內的變電所透過升壓產生27萬5000～50萬伏特的**超高壓，再送往供電線**。接著在超高壓變電所，降壓成15萬4000伏特。接著**在一次變電所降壓為6萬6000伏特**，先把一部分電力送往鐵路公司或大型工廠等，由各公司的變電所降壓後使用。

剩下的電力則在**二次變電所（中間變電所）降壓為2萬2000伏特**，供給大型高樓大廈、工廠使用。其餘再由**配電變電所降壓到6600伏特**，一部分供電給中型大廈或中型工廠。 最後剩餘的才透過**電線桿上的變壓器降壓到100～200伏特**後送至各個家庭〔**右圖**〕。

如同上述，**運送電力時需要高電壓**。因為電線的金屬有阻礙電流通過的「**電阻**」作用，電阻會導致一部分電力以熱能的形態發生「線路損失」（電力由電能轉變成熱能，散發至空氣中造成的電力損失）。

▶ 電力運送到家庭的過程

在發電廠製造的電力,透過升壓降壓變電再送到各個家庭。一開先以高電壓輸送,每一次變壓讓電壓愈來愈弱。

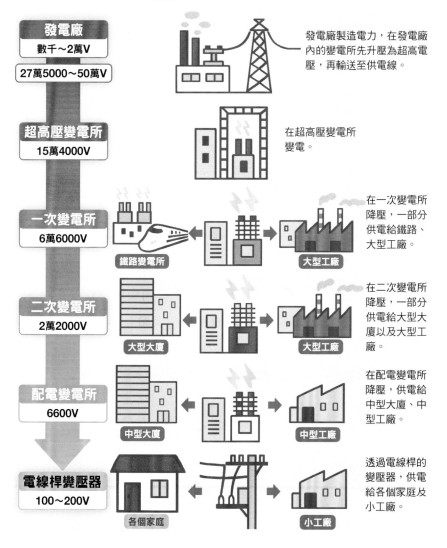

發電廠
數千~2萬V
27萬5000~50萬V

發電廠製造電力,在發電廠內的變電所先升壓為超高電壓,再輸送至供電線。

超高壓變電所
15萬4000V

在超高壓變電所變電。

一次變電所
6萬6000V

鐵路變電所　　大型工廠

在一次變電所降壓,一部分供電給鐵路、大型工廠。

二次變電所
2萬2000V

大型大廈　　大型工廠

在二次變電所降壓,一部分供電給大型大廈以及大型工廠。

配電變電所
6600V

中型大廈　　中型工廠

在配電變電所降壓,供電給中型大廈、中型工廠。

電線桿變壓器
100~200V

各個家庭　　小工廠

透過電線桿的變壓器,供電給各個家庭及小工廠。

家庭用電的供應需要

電鰻發電的原理

在電鰻的體內,有著名為「電板」的器官。我們試著把電板更換為電池看看。

體內排列著電板

以電池為例的話⋯

平時 沒發電時,把電池移開導線,電流就不會通過。

發電時 當發電時,讓電板和導線相連,電流就能通過。

　　電鰻、電鯰或電鱝,在能夠自體放電的「發電魚」中,釋放的電壓高到甚至被稱為「**強電魚**」。如果家裡一天所需的電力,由電鰻來供應的話,究竟需要幾條電鰻呢?

　　我們先了解一下在體內形成電壓的原理。包括人類在內,動物細胞內側有鉀離子,外側有鈉離子。當處於興奮狀態時,鈉離子會進入細胞內,使得細胞內的電壓高於外側。人類雖然只會生成微弱的電壓,但**電鰻因為擁有多達數千個肌肉細胞變化成的電板排列成一長排**,所以一齊放電時,**最高可達到600~800伏特**。家用電力為100伏特,由此可知電鰻的電壓驚人。不過,以高電壓讓電力流通,大概只有1000分之1秒左右。所以,要讓電鰻直接充當發電機來利用是不可能的。

幾條電鰻？

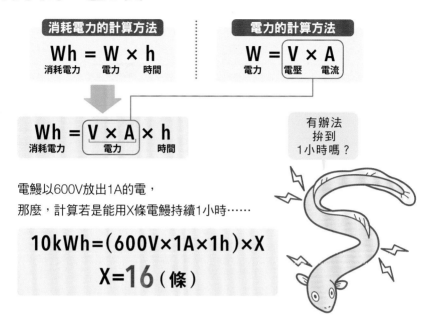

消耗電力的計算方法

$$Wh = W \times h$$

消耗電力　電力　時間

電力的計算方法

$$W = V \times A$$

電力　電壓　電流

$$Wh = V \times A \times h$$

消耗電力　電力　時間

有辦法
拚到
1小時嗎？

電鰻以600V放出1A的電，
那麼，計算若是能用X條電鰻持續1小時……

$$10kWh = (600V \times 1A \times 1h) \times X$$
$$X = 16（條）$$

　　假設能夠讓這麼高的電壓長時間持續的話，一個家庭1天所需的電力需要幾條電鰻呢？假設某個家庭1天消耗的電力為10kWh，套用上圖的算式，能計算出**16條電鰻持續發電1小時的話，就能供應這個家庭1天的用電量。**

　　順便一提，電鰻的放電時間以1000分之1秒來計算，則需要由5,760萬條電鰻同時發電。

　　不論是哪一種情況，看來都難以實現吧？

20 爲什麼電池能讓電器用品運轉？

[電]

原來如此！ 電池內發生化學反應，
能夠因而產生電力！

　　生活中常見的電池，是因為化學反應而產生電力。其中的原理，可以用伏打電堆來說明。伏打電堆是1800年義大利物理學家**亞歷山卓·伏打**所發明的電池。

　　把電解液（這種情況使用稀硫酸）放入容器內，接著把銅片（正極）和鋅片（負極）泡在電解液中，銅片和鋅片以電解液外側的導線相連。首先，鋅片會釋放出鋅離子溶入電解液中，鋅片的電子增加。所謂離子，就是原本電力中性的原子或分子，在失去電子或吸附電子後，成為帶電的粒子。鋅片上增加的電子經由導線往銅片移動。這些**電子的移動便發生電流**。

　　這時候，電解液中雖然有溶出的鋅離子與氫離子，但氫的離子狀態能力較弱的緣故，所以往銅片移動的電子和氫離子結合，因而形成氫氣。由於電子被消耗的關係，即使電子移動銅片上的電子也不會增加。因此鋅片的電子再次移動〔**右圖**〕。

　　像這樣透過**電子的持續移動而發生電流，就能使連接在導線上的燈泡發光，或讓馬達運轉**。這樣的結構，和我們平時使用的電池原理相同。

電子和離子互相拉扯而產生電流

▶ 伏打電堆的原理

伏打電堆是利用電子移動與離子結合的作用而產生電流。

2 電子通過導線，移動到正極的銅片。這時，電流與電子流動方向相反。

銅片（正極）

鋅片（負極）

1 從鋅片溶出鋅離子（＋）到電解液中，因此鋅片的電子（－）增加。

3 移動至銅片的電子和氫離子（＋）結合，成為氫氣。電子就像這樣因為被消耗掉，不會停留在銅片上，而會繼續移動。

電解液

21 爲什麼日光燈會亮？

[電]

原來如此！ 電流流動到水銀，發生紫外線，螢光物質產生反應而發亮！

日光燈（螢光燈）是如何運用電能，轉變為光線呢？

日光燈的結構是使用玻璃管，玻璃管兩端各接上一組電極（燈絲）。玻璃管內裝入氬等不易產生化學變化的氣體，以及少量的汞（水銀），形成微量汞蒸氣。並在玻璃管內側塗上會與紫外線產生反應發光的螢光物質。

從負極飛往正極的**電子，和玻璃管中懸浮的汞原子撞擊**，這麼一來包圍汞原子外側的電子，因為獲得能量而躍升到較高的軌道。這個狀態稱為「**激發態**」。由於激發態不穩定的緣故，電子會設法恢復原本穩定的狀態──「**基態**」。此時**電子會釋放多餘的能量**而產生紫外線，如同紫外線般**帶有電磁波的能量**，就是「**光能**」。

我們的肉眼看不見紫外線，所以無法直接使用紫外線光能作為照明器具。因此便在玻璃管內側塗上**螢光物質，轉換成白色的可見光線**。因此，日光燈便能發出人們肉眼可見的白光〔**右圖**〕。

玻璃管內的化學反應使燈管發亮

▶日光燈的原理

電子和汞原子在日光燈的玻璃管內產生化學反應。

1 日光燈中有汞原子

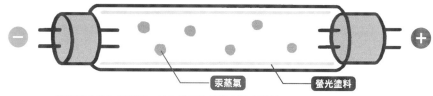

玻璃管內裝入汞蒸氣,並在燈管內側塗上螢光塗料。

2 電流通過時,電子和汞原子相互撞擊

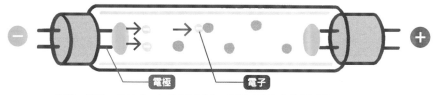

電流一通過,電子(-)從負極飛出,衝擊玻璃管內的汞原子。

3 發生紫外線,與螢光塗料產生反應而發光

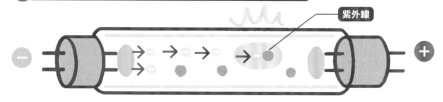

環繞汞原子周圍的電子,變成不穩定的「激發態」。電子從激發態試圖回到穩定的「基態」,多餘的能量便轉換為紫外線釋放出來。紫外線衝擊到螢光塗料而發光。

改良蒸汽機而對工業革命有重要貢獻

詹姆士・瓦特

（1736 – 1819）

詹姆士・瓦特是出生於蘇格蘭的機械工程師及發明家。由於受到木匠的父親影響，從小就喜愛製造物品，求學時期已表現出他在數學、物理、化學的優異才能。長大成人後，從事測量器的製作與機械修理工作，獲得極高的評價。

有一次，他有機會修理由英格蘭發明家湯姆士・紐科門發明的蒸汽機。那是瓦特出生前用來從礦井中抽水時所使用的蒸汽機。之後瓦特改良以往熱效率差、只能進行直線往復運轉的紐科門蒸汽機，成功地大幅提高能量效率，也將往復運轉改良為圓周運轉的結構。這個劃時代的改良讓蒸汽機的應用範圍一舉擴大，對工業革命有巨大貢獻。這個貢獻受到世人讚譽有加，因而把他的名字作為功率的國際單位「W（瓦特）」以茲紀念。

另外，瓦特改良新的蒸汽機時，將一定時間的功率以數值表現，定義出「馬力」的單位。馬力是以一匹工作馬能完成的工作為基準，是一個古老的功率單位，瓦特加以重新定義。另外，他還發明運用壓力複寫紙張的複印機，利用望遠鏡測量距離的方法、改良油燈等，留下許許多多的貢獻。

第**2**章

好想知道！
關於能源的
各種知識

電能是和我們最切身相關的能源。
這一章將解開火力、水力、核能發電，
以及成為今後時代主流的
再生能源結構之謎。

22 燃燒的是什麼？
[發電] 「火力發電廠」的原理

原來如此！ 燃燒**化石燃料**，把產生的**熱能**轉變為**電能**！

　　火力發電廠是如何製造電力呢？首先，**燃燒燃料以產生熱能**。接著**再把熱能轉換為驅動渦輪的動能**，最後**透過旋轉的磁石及線圈，產生電能**〔**右圖**〕。火力發電包括運用蒸氣讓渦輪運轉的蒸氣發電，與使用燃燒瓦斯的燃氣渦輪發電，以及組合兩者的複循環發電。

　　使用的燃料主要是天然氣、煤、石油等化石燃料。**天然氣是以冷卻變成液體的液化天然氣（LNG）的形式運送**。因為四周環海的日本，要運用運輸管線把天然氣直接輸入很困難。

　　雖然日本也能採得到煤礦，不過，由於從外國進口比較便宜，現在幾乎都使用進口煤炭。**用於燃料時，會將煤炭磨碎成粉，再以鍋爐燃燒**。

　　石油也是從許多不同的國家進口。由於石油是液體，所以容易貯藏運送，但基於許多不同的因素，和天然氣、煤礦相較之下，價格較昂貴，發電成本較高。

用燃燒產生的熱能使發電機運轉

▶火力發電廠的構造（以蒸汽發電為例）

火力發電廠是指燃燒天然氣、煤或石油等燃料，以產生的蒸汽讓渦輪運轉，啟動發電機來發電。

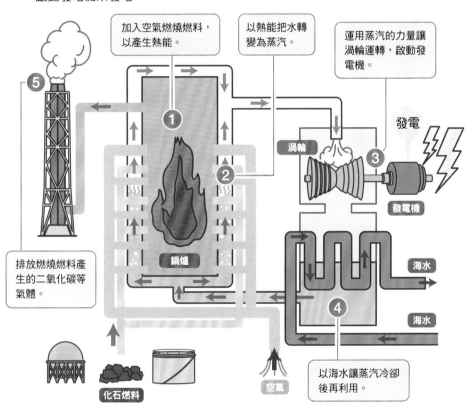

加入空氣燃燒燃料，以產生熱能。

以熱能把水轉變為蒸汽。

運用蒸汽的力量讓渦輪運轉，啟動發電機。

發電

渦輪

發電機

鍋爐

海水

海水

以海水讓蒸汽冷卻後再利用。

排放燃燒燃料產生的二氧化碳等氣體。

化石燃料

空氣

	經濟性	資源取得的簡易度	對環境的影響	特　徵
天然氣	○	△	◎	溫室氣體的排放量少，世界各地都有生產的關係，供應較穩定，不易貯存。
煤	◎	○	△	價格便宜，發電成本較低。雖然容易貯存，但溫室氣體排放量較多。
石油	△	◎	○	價格雖然高，但容易貯存。透過和輸入產地交易，容易因應需要量來調整。

※根據關西電力網站（https://www.kepco.co.jp/energy_supply/energy/thermal_power/fuel/index.html）製表。

好想知道！關於能源的各種知識　第**2**章

23 什麼是「天然氣」？
要如何開採？

[資源]

原來如此！ 天然氣是蘊藏在地下或海底的氣體。
以鑽頭挖掘由洞裡噴出地面！

　　天然氣是由地下或海底抽取的氣體，一般認為**和石油一樣由化學物質油母質**（➡P42）**形成**。主要成分是甲烷（CH_4）。

　　天然氣無色無臭，**特徵是燃燒時所排放的二氧化碳（CO_2）、氮氧化物（NOx）、硫氧化物（SOx）比其他化石燃料少**〔**圖1**〕。由於不會產生灰塵或微粒子，可以說是更為環保的燃料。這樣的天然氣冷卻到$-162℃$後呈液體形態，稱為液化天然氣（LNG）。

　　天然氣是在**氣體及鹹水（鹹水）混合的狀態下取得**。這裡的鹹水是指和天然氣位在同一層，含有鹽分的地下水。

　　一開始先用挖土機從地面往地底挖數百到數千公尺的深度，接著把汲取氣體與鹹水的管子插入洞裡。地下的天然氣壓力較高時，氣體就會自然噴出；當地下的天然氣壓力較低時，透過從地上把經過壓縮的其他氣體灌入等方法，讓地裡的天然氣與鹹水一起推擠到地表，然後再透過高壓分離槽分離出天然氣與鹹水，**只把天然氣用輸送管收集運送到天然氣基地**〔**圖2**〕。

▶ 什麼是天然氣？〔圖1〕

天然氣的主要成分是甲烷。相較之下是較為環保的化石燃料。

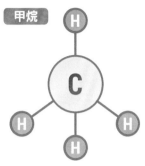

甲烷是由1個碳原子及4個氫原子組成的化合物。

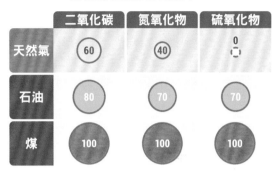

	二氧化碳	氮氧化物	硫氧化物
天然氣	60	40	0
石油	80	70	70
煤	100	100	100

假設煤排放的二氧化碳（CO_2）、氮氧化物（NO_x）、硫氧化物（SO_x）都是100時，天然氣的排放量如上圖。

▶ 天然氣的開採方法是什麼？〔圖2〕

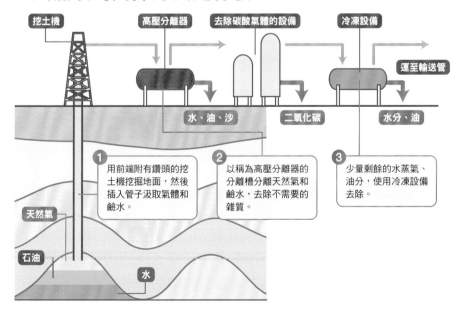

挖土機　高壓分離器　去除碳酸氣體的設備　冷凍設備

運至輸送管

水、油、沙　　二氧化碳　　水分、油

❶ 用前端附有鑽頭的挖土機挖掘地面，然後插入管子汲取氣體和鹹水。

❷ 以稱為高壓分離器的分離槽分離天然氣和鹹水，去除不需要的雜質。

❸ 少量剩餘的水蒸氣、油分，使用冷凍設備去除。

天然氣

石油

水

燃燒化石燃料
所產生的煙是什麼？

**原來
如此！** 酸雨會對生物及建築造成不良影響。
溫室氣體會引起地球暖化！

　　不光煤、石油、天然氣，**以石油製成的汽油、煤油也是化石燃料**。燃燒化石燃料時，會產生對環境造成不良影響的二氧化碳（CO_2）、氮氧化物（NO_x）。

　　例如，工廠、汽車等排放的氮氧化物，在空氣中會轉化成硝酸、硫酸等酸性物質，這些物質在雨滴形成時被吸收而成了酸雨。**酸雨不僅會對植物或水生生物造成不良影響，也會侵蝕建築物**〔**右圖**〕。

　　此外，排放廢氣所含的微小粒子或氮氧化物等所形成的微粒子，一般認為可能也會**引起支氣管氣喘等呼吸道方面的疾病**。

　　二氧化碳等溫室氣體會導致地球暖化。**溫室氣體會吸收從大氣或地表釋放的紅外線能量，再朝四面八方輻射傳遞，部分傳回地球，使地球表面升溫**（即溫室效應）。若是完全沒有溫室效應，地球的平均氣溫將會降到冰點以下，所以為了讓地球表面與大氣底層保持溫暖，溫室效應有其必要性。然而，一旦氣體濃度過高，將使溫室效應過強而氣溫上升。2020年時觀測到的溫室氣體濃度達到史上最高，這個發表結果讓全球都開始感受到危機。

酸雨和暖化的原因

▶ 酸雨的形成原理

燃燒化石燃料而產生的二氧化碳及氮氧化物，會導致降下對環境有不良影響的酸雨。

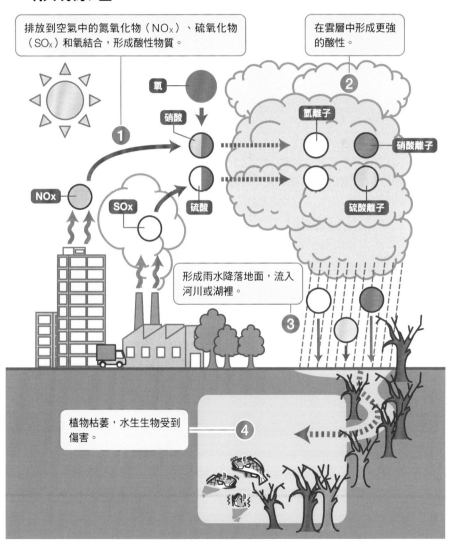

排放到空氣中的氮氧化物（NO_X）、硫氧化物（SO_X）和氧結合，形成酸性物質。

氧

硝酸

❶

NO_X

SO_X

硫酸

在雲層中形成更強的酸性。

❷

氫離子

硝酸離子

硫酸離子

形成雨水降落地面，流入河川或湖裡。

❸

植物枯萎，水生生物受到傷害。

❹

25 都市瓦斯和桶裝瓦斯差異在哪裡？

[知識]

原來如此！ 成分及排放的二氧化碳量，以及家庭所花的瓦斯費都不一樣！

平常的家用瓦斯，分為都市瓦斯及桶裝瓦斯2種，兩者究竟有什麼差異呢〔**圖1**〕？

首先是原料不同。**都市瓦斯使用以甲烷為主成分的液化天然氣（LNG），桶裝瓦斯則是成分以丙烷、丁烷為主的液化石油氣（LPG）**。

桶裝瓦斯的發熱量遠大於都市瓦斯，單純計算的話，燒一壺熱開水，都市瓦斯需要桶裝瓦斯一倍的量。

成分不同也對重量造成影響。都市瓦斯比空氣輕，桶裝瓦斯比較重。因此，室內的瓦斯防漏警報器設置的場所也會不同〔**圖2**〕。此外，**以甲烷為主成分的都市瓦斯，排放的二氧化碳量較少**。

都市瓦斯因為是由儲槽利用舖設的瓦斯管直接供應給一般家庭，所以不需太高的花費，**徵收的瓦斯費較少**。相對的，桶裝瓦斯必須加壓裝入鋼瓶，且需要搬運費，所以**費用相對較高**。此外，都市瓦斯基本費用是由國家制定，但桶裝瓦斯是由業者自行訂定價格，所以費用的變動也會較大。

發熱量桶裝瓦斯較大，成本都市瓦斯較少

▶ 都市瓦斯與桶裝瓦斯的差異〔圖1〕

都市瓦斯與桶裝瓦斯的成分不同，因此發熱量也有差異。

都市瓦斯		桶裝瓦斯
使用成分以甲烷為主的液化天然氣（LNG）。從儲槽通過瓦斯管線供應給一般家庭使用。	特徵	使用成分以丙烷、丁烷為主的液化石油氣（LPG）。裝入鋼瓶，由業者運送給一般家庭。
以甲烷為主的液化天然氣（LNG）	原料	以丙烷、丁烷為主的液化石油氣（LPG）
冷壓至－162℃液化後，體積縮減成600分之1	性質	冷壓至－42℃液化後，體積縮減成250分之1
11,000kcal/m³	熱量	24,000kcal/m³
經由瓦斯管線供應給各個家庭	供應	裝在瓦斯鋼瓶內再由業者運送給各個家庭
比空氣輕	重量	比空氣重

▶ 警報器裝設場所不同〔圖2〕

都市瓦斯

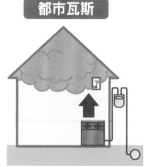

都市瓦斯因為重量只有空氣的一半左右，所以瓦斯警報器裝設在天花板附近。

桶裝瓦斯

桶裝瓦斯因為較重，所以瓦斯警報器裝設在靠近地板的位置。

26 石油除了燃料以外的其他用途？

[資源]

原來如此！ 除了汽油等液態燃料之外，
塑膠或化學纖維也是石油製成！

　　石油的用途大致上可以分為3大類。其中的大約4成轉換為**重油、煤油、液化石油氣**等形態，供各個家庭的暖氣、瓦斯爐、工廠的機械燃料使用。另外大約4成是供作**汽油、輕油、航空汽油**等燃料，讓汽車、船舶、飛機等交通工具可以行駛。剩餘大約2成則變身為**塑膠、清潔劑等化學製品**。

　　挖掘出來的石油（原油），在製油廠加熱，依照沸騰的溫度分離出成分。然後再**依沸騰溫度決定用途**〔**右圖**〕。

　　比方說，35℃以下沸騰的成分作為計程車的燃料、液化石油氣；170～250℃沸騰的成分則作為飛機燃料。350℃以上沸騰的成分作為船舶燃料的重油，以及作為工場或大廈鍋爐用的燃料、潤滑油、柏油等。

　　35～180℃沸騰的成分除了作為汽油使用，也可成為「石腦油」。**石腦油加熱分解就能成為石油化學產品的原料**。例如塑膠湯匙、吸管、塑膠袋、保特瓶，都是以石腦油製成。衣服材料的化學纖維，原料也是石腦油。

▶石油的用途

原油在製油廠加熱，依沸騰溫度分離出成分後，再決定運用在不同的用途。

計程車燃料、家用瓦斯用途的液化石油氣。

35℃以下

除了作為汽車燃料的車用汽油，也可作為塑膠製品原料的石腦油。

35～180℃

除了可作為飛機燃料使用的航空煤油，也用於暖爐的煤油。

170～250℃

240～350℃

可作為卡車等柴油車燃料用的輕油。

350℃以上

作為船舶燃料、工廠、大廈等鍋爐用的重油。以及潤滑油、柏油等。

石腦油為石油化學製品的原料

石腦油是接近石油的透明液體。在工廠能透過加熱分解為乙烯、苯等。由不同的碳氫化合物組成，轉化為聚乙烯或聚丙烯等各種不同化學製品的原料。

塑膠袋

塑膠餐具
化纖衣物
保特瓶

Q 發電量最大的是哪一種發電廠?

| 火力 | or | 水力 | or | 核電 |

我們現在日常使用的電力,常見的發電方式有火力、水力與核電3種。這3種方式都能發出相當大的電力,但能產生最大電力的,究竟是哪個呢?

※劈啪

　　發電廠所設計百分之百全力發電(滿載)時的最大值,稱為「裝置容量」。在此比較一下各種不同電廠的裝置容量。我們先看火力發電。以全球最大火力發電廠聞名的,是**台灣的台中發電廠,裝置容量為5,780MW**。截至2015年為止為世界第一。順帶一提,日本最大的火力發電廠是東新潟發電廠(新潟縣),截至2019年的統計

為4,810MW。

其次是水力發電，截至2015年為止，**中國的三峽發電廠裝置容量為22,400MW**，遙遙領先全球。全國電力幾乎仰賴水力的巴拉圭（➡P158）伊泰普水電站雖然也高達14,000MW，但2022年7月中國的白鶴灘水力發電廠啟用後，便超越伊泰普水庫，占全球第二名。

最後是核電。全球最大的核電廠其實位於日本。新潟縣**柏崎刈羽核能發電廠的裝置容量為8,212MW**，截至2022年為全球最大的發電廠。第二名是位於加拿大的布魯斯核能發電廠，發電量為6,580MW（2018年）。順便一提，總發電量中，法國核電比率為70.6%，美國為19.7%，中國為4.9%。和各國相較之下，法國明顯占了相當高的比率。

因此，正確答案是「水力」。

發電量排名

火力發電前3名（2015年）	水力發電前3名（2022年）	核能發電前3名（2018年）
第1名　台中　台灣　發電量 5,780MW	第1名　三峽　中國　發電量 22,500MW	第1名　柏崎刈羽　日本　發電量 8,212MW
第2名　舒艾拜　沙烏地阿拉伯　發電量 5,600MW	第2名　白鶴灘　中國　發電量 16,000MW	第2名　布魯斯　加拿大　發電量 6,580MW
第3名　蘇爾古特第二　俄羅斯　發電量 5,597MW	第3名　伊泰普　巴西　巴拉圭　發電量 14,000MW	第3名　札波羅結　烏克蘭　發電量 6,000MW

※出處：一般社團法人海外電力調查會網頁。水庫一覽等。

27 核能發電廠的「核能」是什麼力量？

[發電]

核能是物質鈾的原子核分裂時釋放的龐大熱能！

一如火力發電的燃料使用石油、天然氣，核能發電也需要燃料，那就是「**鈾235**」與「**鈾238**」（➡P78）混合後的鈾燃料。核能發電廠是**讓核子反應爐的燃料鈾235產生核分裂，來製造電力**。不過，究竟什麼是「核分裂」呢？

構成一切物質的原子，是由原子核與環繞原子核旋轉的電子組成。原子核則是由緊密結合的質子與中子構成。當其他中子撞擊鈾235的原子核時，會使原子核中的質子與中子結合不穩定，造成原子核分裂，這就是「**核分裂**」。核分裂時會產生巨大的能量，我們稱為「**核能**」〔**右圖**〕。

當發生核分裂時，會同時釋放中子，被釋放的中子會撞擊其他的鈾235原子核。**這時核能使周圍的水溫度上升，形成蒸氣。然後藉由蒸氣使渦輪迴轉而轉換為電能。**

因核分裂而消耗過鈾235的燃料，稱為「用過核燃料」。用過核燃料因為會釋放有害的放射線，所以必須嚴格管理（➡P84）。

核分裂是因為與中子的撞擊而產生

▶核分裂的原理

中子撞擊鈾235的原子核而產生核分裂。利用這個能量來發電的就是核能發電廠。

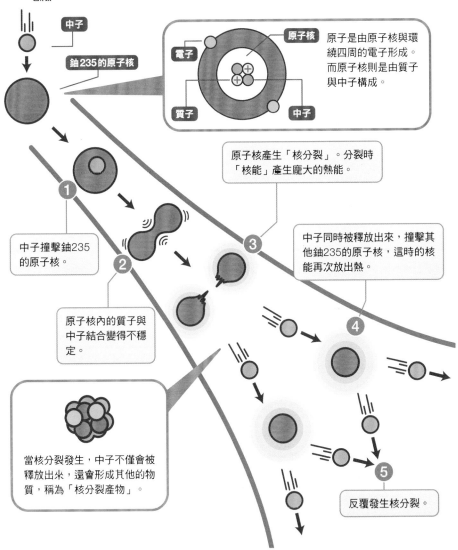

中子

鈾235的原子核

電子

原子核

質子

中子

原子是由原子核與環繞四周的電子形成。而原子核則是由質子與中子構成。

① 中子撞擊鈾235的原子核。

② 原子核內的質子與中子結合變得不穩定。

③ 原子核產生「核分裂」。分裂時「核能」產生龐大的熱能。

④ 中子同時被釋放出來，撞擊其他鈾235的原子核，這時的核能再次放出熱。

當核分裂發生，中子不僅會被釋放出來，還會形成其他的物質，稱為「核分裂產物」。

⑤ 反覆發生核分裂。

28 核子反應爐裡有什麼？

原來如此！ 有將提煉過的**鈾**封裝的**燃料棒**，
以及能**控制核分裂**的**控制棒**！

核子反應爐是放入了引起核分裂連鎖反應設備的鋼鐵製容器。那麼，核子反應爐裡究竟有什麼樣的東西呢？

核子反應爐裡放有燃料棒、水及控制棒。**燃料棒是蒐集提煉了鈾的棒子**。核電廠使用的鈾235，在天然鈾礦中只含了0.7%，其餘是無法進行核分裂的鈾238。核電使用的燃料，**是把鈾235的比率濃縮到3～5%，經過氧化提煉成燃料丸（pellet）**。將燃料丸以特殊合金的金屬筒封裝就成了燃料棒，核子反應爐內放入了數個多根燃料棒束成的燃料組件〔**圖1**〕。

另外，核子反應爐裡為了讓核分裂時從鈾飛出的中子速度慢下來，還會加入**普通的水（輕水）**。像這樣使用水來減速的反應爐，稱為輕水爐。之所以要讓中子減速，是因為當速度過快，便不容易產生核分裂。另外，水也具有讓反應爐冷卻的功能。

此外，會使用能吸收中子的「**控制棒**」插入爐心的燃料組件之間。藉由**慢慢拔出控制棒，能控制撞擊原子核的中子**，調整核分裂的速度〔**圖2**〕。

以水冷卻並讓中子減速

▶ 核能發電的燃料〔圖1〕

核能發電是蒐集鈾的顆粒（燃料丸）作為燃料來使用。

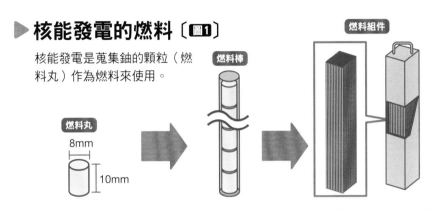

燃料丸

8mm

10mm

讓濃縮的鈾235氧化，製成顆粒狀（圓柱形）。

燃料棒

將燃料丸封裝入特殊合金的金屬筒，成為燃料棒。

燃料組件

多根燃料棒成束後，形成燃料組件。

▶ 核子反應爐內部〔圖2〕

以結構較單純的沸水反應爐為例，看看核子反應爐內部的模樣。

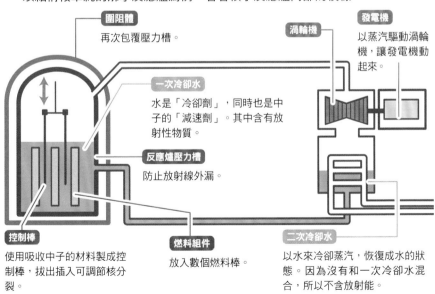

圍阻體
再次包覆壓力槽。

渦輪機

發電機
以蒸汽驅動渦輪機，讓發電機動起來。

一次冷卻水
水是「冷卻劑」，同時也是中子的「減速劑」。其中含有放射性物質。

反應爐壓力槽
防止放射線外漏。

控制棒
使用吸收中子的材料製成控制棒，拔出插入可調節核分裂。

燃料組件
放入數個燃料棒。

二次冷卻水
以水來冷卻蒸汽，恢復成水的狀態。因為沒有和一次冷卻水混合，所以不含放射能。

好想知道！關於能源的各種知識 **第2章**

29

[發電]

核燃料的再利用？
什麼是「核燃料循環」？

原來如此！ 從**用過核燃料**取出的**鈽**，
或未分裂的**鈾**，進行**再利用**！

　　雖然一旦發電用過的鈾，鈾235及鈾238的比例會產生變化，或是形成新的物質「鈽」，但依然**可能再利用**。將用過核燃料中所含未進行核分裂的鈾，或新生的物質鈽再次處理後，再度當作燃料使用的階段，稱為「**核燃料循環**」。

　　以輕水爐（➡P78）來說，將發電用過的燃料運到再處理工廠，加工製成**鈾鈽混合氧化物（MOX燃料）**，可以再利用。這就是「**輕水爐循環**」〔**圖1**〕。使用MOX燃料能更節省鈾燃料。日本因為必須仰賴外國進口鈾，再利用有很大的利益。

　　核燃料循環中，也包括「**快中子反應爐循環**」。其中的**快滋生反應爐（Fast Breeder Reactor, FBR）是使用能量大且高速的中子，讓含有鈾238的鈾燃料等轉換成鈽239**，以製成燃料的反應爐〔**圖2**〕。是因為一開始放入的核燃料能夠「滋生」更多核燃料因而命名。

　　快滋生反應爐利用MOX燃料，讓曾經**作為燃料使用的MOX燃料，還能再次當作燃料使用**是其特徵。

快滋生反應爐是核燃料循環的關鍵

▶什麼是核燃料循環？〔圖1〕

使用MOX燃料，能節省鈾燃料。若使用快滋生反應爐〔圖2〕，因為MOX燃料可再利用，所以能節省更多。

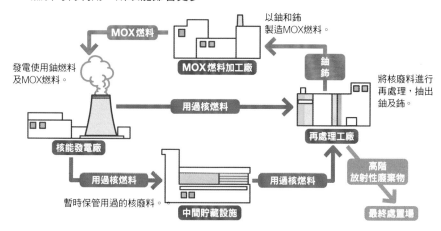

以鈾和鈽製造MOX燃料。

MOX燃料

MOX燃料加工廠

發電使用鈾燃料及MOX燃料。

鈾
鈽

將核廢料進行再處理，抽出鈾及鈽。

用過核燃料

再處理工廠

核能發電廠

用過核燃料

用過核燃料

高階放射性廢棄物

暫時保管用過的核廢料。

中間貯藏設施

最終處置場

▶快滋生 反應爐〔圖2〕

快滋生反應爐是使用速度快的「高速中子」，在發電的同時，還能製造新燃料的反應爐。

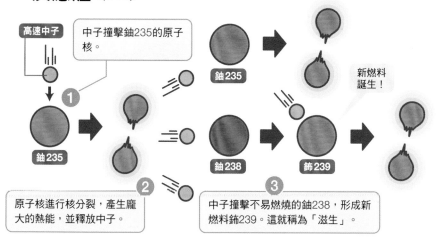

高速中子

中子撞擊鈾235的原子核。

鈾235

新燃料誕生！

①

鈾235

鈾238

鈽239

②

原子核進行核分裂，產生龐大的熱能，並釋放中子。

③

中子撞擊不易燃燒的鈾238，形成新燃料鈽239。這就稱為「滋生」。

30 從核動力潛艦得到靈感？
[發電]
「小型模組化反應爐」

原來如此！ 安全性高、建造時間更短，
世界各國正在開發的小型模組化反應爐！

電視節目所看到的核能發電廠都非常巨大，不過，現在世界各國的目標都放在開發更安全的核能發電「**小型模組化反應爐（Small Modular Reactor, SMR）**」。根據國際原子能總署（IAEA）的定義，由於SMR指發電容量為30萬瓩以下的反應爐，因此和現在主流超出100萬瓩的反應爐相較之下，大小人約不到3分之1。**小型模組化反應爐原本是根據核動力潛艦的結構應用改造而成**。想像潛水艦中有一個小反應爐，就能想像規模大幅縮小到什麼程度。

小型模組化反應爐的一大特徵，就是更高的安全性。因為小型，所以可以把整個反應爐沉浸到池子裡，**不易發生由於反應爐溫度上升導致核燃料溶解的「核熔毀」**。

此外，由於小型化的關係，能在工廠建置完成後再搬運到現場安裝，**工期大為縮短**。同時當任務完成，也可以將反應爐完全撤離，所以即使設置在開發中國家，遭解體運用於核武的風險也較低，這也是一大特徵。

除了美國以外，目前英國、加拿大、俄羅斯、中國及日本，也都仍在持續研究小型模組化反應爐。

▶ 壓水反應爐與小型模組化反應爐的比較

比較目前主流的壓水反應爐和小型模組化反應爐構造。

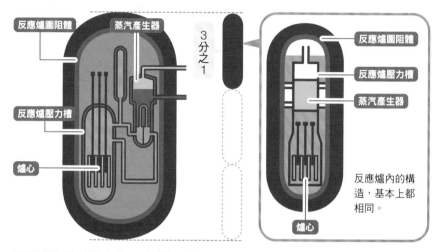

小型模組化反應爐的高度，只有傳統反應爐的3分之1左右。因為能在工廠建置完成再搬到現場設置使用，所以可縮短工期。

什麼是核熔毀？

核熔毀是反應爐的重大事故之一，又稱為「爐心熔毀」。當反應爐內冷卻裝置停止，爐心熱度升高，燃料組件或控制棒熔解，沉積在壓力槽底部就是核熔毀。當核熔毀更嚴重時，會發生熔解物造成圍阻體破損的「爐心熔穿」，很可能導致放射物質外洩。

當核熔毀更嚴重時，
會發生爐心熔穿

31 [知識] 為什麼有那麼多人反核？ 核能發電廠的課題

原來 如此！ 放射性物質的管理，
放射性廢棄物的處理是重大課題！

偶爾會看到新聞報導許多人反對核能電廠的運轉或建設。其中一個反對理由，是擔心**當核能發電廠發生意外事故時，無法控制核分裂，很可能有放射性物質外洩之虞**。由於大量的放射性物質有害人體健康，很可能導致周遭地區的人無法居住。

因此，現在日本若要讓核能電廠運轉，**必須要通過核能管制單位的嚴格安全審查**。這麼一來就能讓周遭發生大量放射性物質擴散事故的發生機率壓制到最低。

其次是放射性廢棄物的處理問題。一旦以核能發電使用核燃料，就會產生放射量多的廢棄物。**廢棄物必須經過數萬年才能達到安全程度**，但這段期間能夠安全保存的最終處置地點，現在仍未決定。

另一方面，目前再利用核燃料的**核燃料循環政策**（➡P80）正在進行。因此，一般認為實際最終處置放射性廢棄物的時期，應該在數十年後。近年來，日本政府選定候補的地方單位，也正著手調查。

▶ 核能發電廠的課題與對策

1 核電廠事故而洩出的放射能量

核能發電廠發生意外時，一旦無法控制核分裂，可能會有放射性物質外洩之虞。

國家對策

以日本狀況為例，若是沒有通核能管制廳的安全審查，核電廠就不能運轉。

2 排斥附近設置核廢料最終處置場

附近有核廢料很恐怖……

核電產生的核廢料放射線量很多，目前能安全存放的最終處置場建設地點仍懸而未決。

最終處置場

國家對策

因為目前正在再利用核燃料，所以數十年後才需要最終處置場。政府正慎重選擇建設的預定地。

在地上建造太陽？
夢幻能源研究「核融合」

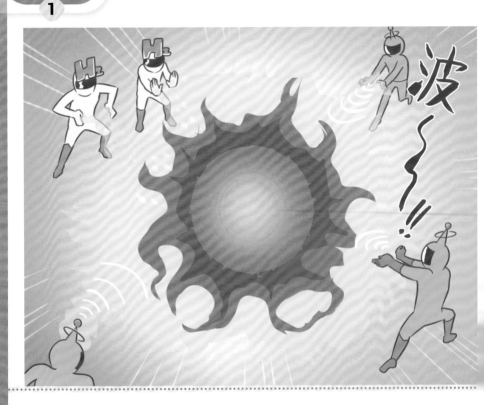

　　太陽一直在傳送給地球巨大的能量。嘗試在地球上製造如同太陽能量的巨大試驗，就是「**核融合**」的研究。太陽的能量，是氫的原子核產生核融合而誕生的。所謂核融合，就是**利用氫等較輕的原子，讓原子核與原子核在高溫狀態下互相撞擊**，轉變成氦等其他原子核。這和**破壞原子核的「核分裂」**來製造能量的核能發電（➡P76）**分屬不同的原理**。

核分裂和核融合的差異

核分裂反應

中子撞擊鈾等較重的原子核，讓核產生分裂就是「核分裂」。核能發電廠就是使用這個原理發電。

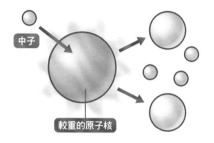

中子

較重的原子核

核融合反應

氫等較輕的原子核之間在高溫狀態互相撞擊，形成氦等其他原子核，就是「核融合」。

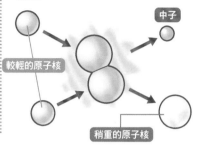

中子

較輕的原子核

稍重的原子核

　　目前的核融合研究，是使用質量為一般氫原子核2倍的重氫（氘），和質量為氫原子核3倍的超重氫（氚）來進行核融合。由於重氫可以從海水取得，光考量重氫的量，**便可以持續發電1億年**，因此稱得上是夢幻能源。

　　為了進行核融合，**需要讓原子核以高速（每秒1000公里以上）互相撞擊**。而且這個速度要**加熱到1億℃以上的高溫**才能取得。氫達到這個溫度時，會形成「電漿」狀態。把電漿狀態的原子核封閉在一定的領域，就能維持高溫高密度的電漿狀態，以連續發生核融合反應。

　　目前在法國正在建置國際熱核融合實驗反應爐「ITER」，預定於2025年開始運轉。在ITER建設中，參與這個計畫的包括日本、美國及歐洲、俄羅斯、中國、韓國、印度各國。日本也在岐阜縣土岐市的核融合科學研究所進行研究。

好想知道！關於能源的各種知識　第2章

32 「水力發電廠」設在什麼樣的地方？

原來如此！ 為了利用高處水具有的位能，
而把發電廠設在山谷！

所謂「水力」，究竟是什麼樣的力量呢？其實，**利用位在高處的水所具有的位能來發電**，就是水力發電。簡單來說，就是當水從高處流向低處時，讓水車迴轉帶動發電機的構造〔**圖1**〕。這時候，**水量愈豐沛，且高低差愈大，能夠產生愈大的能量**。因此，多數水力發電廠都建置在山間。

水力發電對於**多雨且河川水位落差大的日本而言，是相當合適的發電方法**。雖然全國各地都有，但為了降低線路損失（➡P54），多數建造於離電力使用較多的東京、大阪、名古屋等大都市較近的中部地區。

水力發電以放流貯存在水庫的水來發電的「**蓄水池式**」為主；另外還有以河川的水引入發電廠的「**川流式**」；此外，還有利用離峰時間的剩餘電力執行抽水運轉，將水抽回上游蓄水庫，在用電高峰時再將水放出發電的「**抽蓄發電**」〔**圖2**〕。

近年來日本增設許多3萬瓩以下的「**中小型水力發電**」，連河川以外的農業用水路、上下水道等也設置了中小型水力發電廠。有別於大規模的水力發電廠，能開發的地區較多是其特徵。

利用水的位能及流動特性

▶水力發電的原理〔圖1〕

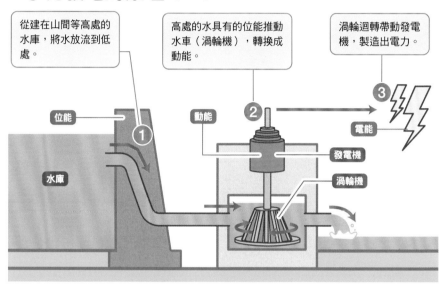

從建在山間等高處的水庫，將水放流到低處。

高處的水具有的位能推動水車（渦輪機），轉換成動能。

渦輪迴轉帶動發電機，製造出電力。

位能

動能

② ③

電能

發電機

渦輪機

水庫

▶抽蓄發電的原理〔圖2〕

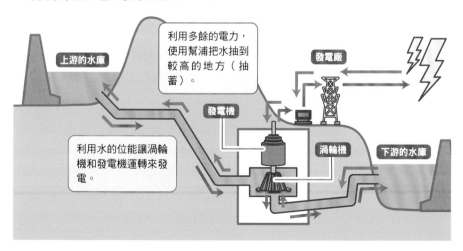

利用多餘的電力，使用幫浦把水抽到較高的地方（抽蓄）。

上游的水庫

發電廠

發電機

渦輪機

下游的水庫

利用水的位能讓渦輪機和發電機運轉來發電。

33 水庫能儲存多少的水量？

[知識]

原來如此！ 蓄水量世界第一的水庫，能貯存日本琵琶湖69倍的水量！

全世界有各種不同規模的水庫，但究竟能貯存多少的水呢？這裡就以設置在日本、蓄水量第一的發電廠為例。

岐阜縣德山水庫的蓄水量，大約是6億6000萬m³（立方公尺）。因為數字太過巨大，應該難以想像究竟是多少水量。舉個例子來說，假設有一個深度1.3公尺、寬度16.5公尺的25公尺泳池，這個泳池的蓄水量為25×1.3×16.5＝536.25m³。以德山水庫的蓄水量約6億6000萬m³除以536m³，得到123萬1343m³。也就是說，**德山水庫大約能貯存123萬個25公尺泳池的水量**〔**圖1**〕。

如果以世界第一的水庫來相比，規模當然更大。蓄水量全球第一的水庫是橫跨南非辛巴威及尚比亞國境的**卡里巴水庫**，蓄水量約為1850億m³，相差懸殊。**大約多達280個德山水庫**。

順便一提，日本最大的湖泊——琵琶湖的蓄水量大約為27億m³。以卡里巴水庫約1850億m³除以27億m³，大約為68.5。卡里巴水庫遠比琵琶湖大得多，竟然相當於大約69個琵琶湖〔**圖2**〕。

※這裡指的蓄水量，是用於發電、水利工程、生活用水等多重目的蓄水總量。

日本第一的水庫是25公尺泳池的123萬倍

▶ 日本第一與世界第一的水庫蓄水量

用長25公尺的泳池與琵琶湖相比，就能體會到水庫的蓄水量有多龐大。

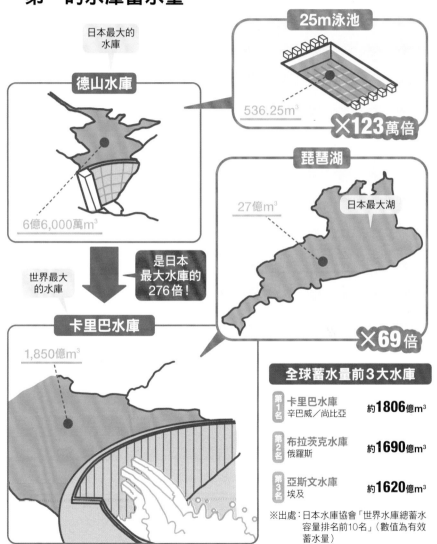

日本最大的水庫

德山水庫

6億6,000萬m³

25m泳池

536.25m³

×123萬倍

琵琶湖

27億m³

日本最大湖

×69倍

是日本最大水庫的276倍！

世界最大的水庫

卡里巴水庫

1,850億m³

全球蓄水量前3大水庫

	水庫	蓄水量
第1名	卡里巴水庫 辛巴威／尚比亞	約**1806**億m³
第2名	布拉茨克水庫 俄羅斯	約**1690**億m³
第3名	亞斯文水庫 埃及	約**1620**億m³

※出處：日本水庫協會「世界水庫總蓄水容量排名前10名」（數值為有效蓄水量）

好想知道！關於能源的各種知識 **第2章**

34 [知識] 太陽能發電可以取代日本全國的電力嗎？

原來如此！ 理論上有可能。但需要比東海地區的某縣更大的太陽能板！

　　若是日本全國都能以太陽能來發電，需要多大的太陽能板呢？太陽能板有各種不同的材料（➡P188），由於發電量會依據設置地區的緯度及氣候有所不同，因此要正確計算十分困難。

　　因此這裡**先參考已設置的大規模太陽能電廠的發電容量及面積**，試著計算日本全國消耗的電力若完全以太陽能來取代，需要多大的占地面積。

　　日本最大的岡山縣作東大規模太陽能電廠，**一年預估發電量約為2億9000萬kWh**。如果除以太陽能板面積約2.3km²，則每1km²的年間發電量約為1億2600萬kWh/km²。由於**日本一年消耗電力大約1兆kWh**，所以1兆kWh除以1億2600萬，約為7936。

　　換句話說，**日本全國的消耗電力若要完全仰賴太陽能發電，至少需要設置7936km²**尺寸的太陽能板。因為日本全國的國土面積約為38萬km²，所以大約需要國土面積的2％。這個面積**大於靜岡縣（7780km²）的面積**〔**右圖**〕。即使是用晴天多的岡山縣發電廠計算，也需要這麼大的太陽能板。

需要靜岡縣面積大小的太陽能板

▶如果以太陽能取代日本全國電力……

參考作東大規模太陽能電廠的一年預估發電量，以最單純的方式試著計算太陽能板的大小。

作東大規模太陽能電廠（岡山縣）

工作區域為87個東京巨蛋

×87個

一年預估發電量 ／ 太陽能板的面積 ／ 每1km²的發電量

2億9000萬（kWh）÷2.3（km²）＝1億2600萬kWh/km²

1兆（kWh）÷1億2600萬（kWh/km²）＝7936km²

日本的一年消耗電力 ／ 1km²的發電量 ／ 日本全國消耗電力以太陽能取代的話，至少需要面積7936km²的太陽能板

什麼是大規模太陽能？

能夠發電1000kW（瓩）以上的大規模太陽能發電。順便一提，kWh（瓩時）是指1kW的電力消耗1小時（h）的電量。

約7936km²，比靜岡縣面積（7780km²）更大！

35 雨天及陰天無法利用太陽能發電？

[發電]

原來如此！ 雖然可以發電，
但發電量下降到晴天時的5～10%！

太陽能發電是利用設置在屋頂等處的太陽能板（➡P188），把來自太陽的輻射光轉換成直流電。然後為了讓家庭可以使用，**透過電力調整系統設備**，可以把**直流電轉換成交流電**〔**圖1**〕。

那麼，沒有陽光的夜晚，是否就完全不能發電呢？實際上，即使是月光等較弱的光線，依然可以製造電力。只不過，**由於無法因應啟動電力調整系統設備所需的電壓，所以夜間無法使用太陽能發電**。

雨天或陰天的日子又是如何呢？雖然白天依然可以發電，但**發電量會下降到晴天日正當中的5～10%**（依太陽能板性能而有差異）〔**圖2**〕。

因此，為了在無法以太陽光發電的時候有電可用，會在有多餘電力時利用「蓄電池」來事先儲存。蓄電池在停電時也可以作為緊急電源使用。

此外，當發電量不足時，**運用水力及火力產生的電力**，能迅速因應電力需求變化調整發電量。在政府行政單位的主導下，以這樣的相輔相成形式，正推動大規模運用再生能源的新結構。

▶電力調整系統的結構〔圖1〕

使用電力調整系統,將電力轉換成家庭可用的交流電。

直流電　大小與方向沒有變化

時間

透過太陽能板,先將太陽光轉換成直流電。

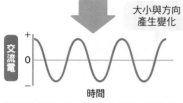

交流電　大小與方向產生變化

時間

透過電力調整系統,轉換成家庭可用的交流電。

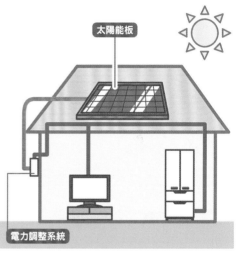

太陽能板

電力調整系統

▶因天候不同發電量也不一樣〔圖2〕

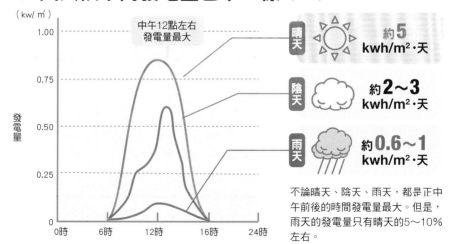

（kw/㎡）

中午12點左右發電量最大

晴天 約5 kwh/m²·天

陰天 約2～3 kwh/m²·天

雨天 約0.6～1 kwh/m²·天

發電量

0時　6時　12時　16時　24時

不論晴天、陰天、雨天,都是正中午前後的時間發電量最大。但是,雨天的發電量只有晴天的5～10%左右。

如果在外太空架設

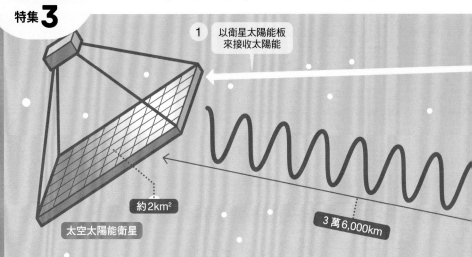

1 以衛星太陽能板來接收太陽能

約2km²

太空太陽能衛星

3 萬 6,000km

　　世界各國都在推動的太陽能發電，是一種不會排放二氧化碳、友善地球環境的發電方式。只不過太陽能發電的缺點是夜晚無法發電，還會受到天候影響（➡P94）。既然如此，若是可以不受這些因素影響，而且**在更接近太陽的太空中設置太陽能板，不就能產生龐大的電力了嗎**？

　　事實上，這個「太空太陽能發電」的構想，從1960年代的太空開發競爭時期就不斷被討論。這個原理，是**先在人造衛星上設置巨大的太陽能板**（➡P188），**收集陽光來發電**。另外，太空中當然沒有輸送的電線，所以必須**使用高頻無線電波發送到地表**的兩階段結構的策略。但是，由於花費的成本過於浩大，美國的NASA已經完全從開發計畫中退出。

太陽能板會怎麼樣？

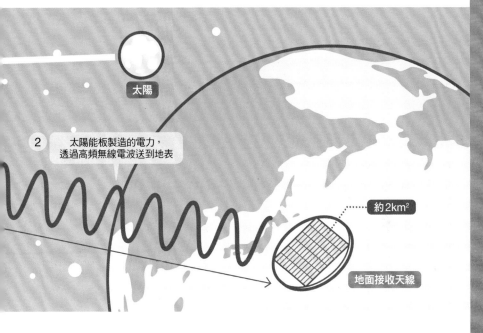

太陽

2　太陽能板製造的電力，
透過高頻無線電波送到地表

約2km²

地面接收天線

　　但是，**日本的宇宙航空研究開發機構JAXA現在仍未放棄，堅持致力開發**。

　　日本發表從2022年度開始，在太空中正式展開太陽能板實證實驗。**據稱最快可能在2050年實現**。若是能實現的話，一處太空太陽能發電站，就能取代一個核電廠1GW的電力，但由於高頻無線電波傳送電力會產生線路損失，因此獲得的電力預估將會更少。

　　補充說明，**高頻無線電波傳送電力的技術，和太空太陽能發電各自獨立有所進展**，一般認為具體實現指日可待。運用這個技術，電器用品都能以無線電波充電的日子或許即將來臨。

36 「風力發電廠」設在什麼樣的地方?

[發電]

原來如此! **全年有充足的風**是基本條件。
占地廣大,日本以北海道、東北居多!

有成排巨大風機的風力發電廠,只要有風無論在哪都能設置嗎?事實上,因為**必須一整年都有穩定充足的風**,所以適合設置的場所意外受限。

此外,為了讓巨大的風機彼此間隔一定的距離並排設置,所以需要廣大的土地〔**圖1**〕。另外,風力發電用的大型風機運轉時,除了葉片轉動時明顯發出的「**風切聲**」,**風機內部的機械運轉時也會出現其他噪音**及**低頻噪音**。 尤其是葉片前端的風切聲,發出的噪音和電車經過柵欄放下時所發出的聲量相當。

基於這些條件因素,日本的大型風力發電廠**多數建設於**整年有風,並有寬廣土地的**北海道、東北、九州**等地。北海道風機數量最多,設有304座(至2018年為止),其次為青森縣、秋田縣。

風力發電廠的風機大小,以大型的來說,**風機一般高度為120公尺左右,葉片大小為60~90公尺**〔**圖2**〕。為了擷取更多的風量,支撐塔及葉片正逐漸愈趨大型化。另外,也有合併使用蓄電池(➡P192)可供一般家庭使用的小型風機。

爲了承受強風而趨向大型化

▶「風」與風力發電的原理〔圖1〕

葉片受風而轉動的能量，透過發電機轉換為電力。

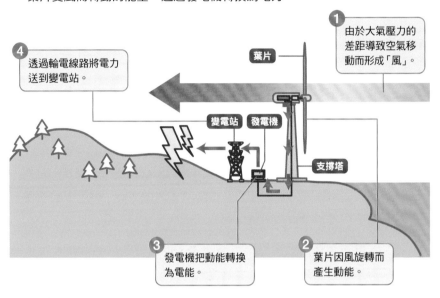

❶ 由於大氣壓力的差距導致空氣移動而形成「風」。

❹ 透過輸電線路將電力送到變電站。

葉片

變電站　發電機

支撐塔

❸ 發電機把動能轉換為電能。

❷ 葉片因風旋轉而產生動能。

▶風機的大小〔圖2〕

一般大型的風機高度為120m前後，葉片長約60～90m。

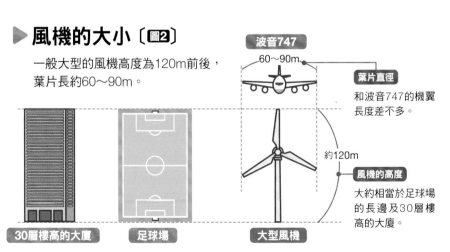

波音747

60～90m

葉片直徑
和波音747的機翼長度差不多。

約120m

風機的高度
大約相當於足球場的長邊及30層樓高的大廈。

30層樓高的大廈　　足球場　　大型風機

在海上使用風力發電？
什麼是「離岸風力發電」？

原來如此！固定於海底的**固定式**與漂浮的**浮動式**！
必須面對**成本**與**鳥類撞擊**等問題。

日本山多而廣大腹地少，能架設大型風機的地點相當有限，因此受到注目的便是在海上架設風機來發電的**離岸風力發電**。

離岸風電分為將風機固定在淺層海床的「固定式」，以及浮在海面的「浮動式」〔**右圖**〕。**固定式把風機架設在離陸地近水淺的地方，所以建設成本較低**。但能架設風機的淺水處並不多，何況，颱風或海嘯來襲時，也有毀損的風險。

浮動式則是讓發電設備浮在海上，以充分長度的纜線固定在海床，所以能夠設置在比固定式更遠的海邊。因此，噪音的干擾較少，比起固定式也較不會受到因海嘯造成海平面上升或颱風的影響。但另一方面，由於架設在離陸地較遠的海上，所以建設及維護都要花費更高的成本。

但不論陸地或是海洋，**都很難完全避免鳥類撞擊風機（bird strike）的意外發生**。尤其是離岸風電，由於對海鳥的分布或生態仍有很多不清楚的部分，所以難以採取有效對策。為了防範鳥擊意外，有關鳥類撞擊風機的原因探究仍在研究當中。

四周環海的英國，引領全球

▶離岸風電的種類

離岸風電分為「固定式」與「浮動式」2種。

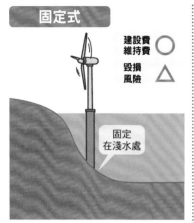

固定式

建設費
維持費　○

毀損
風險　△

固定
在淺水處

發電設備及風機固定在離陸地較近的淺水處。

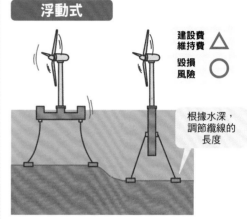

浮動式

建設費
維持費　△

毀損
風險　○

根據水深，
調節纜線的
長度

發電設備及風機漂浮在海面上，以纜線繫在海床。

離岸風電的先進國家是英國

和日本同樣四周環海的英國，也正在引進離岸風電技術。漂浮在英格蘭東部外海的「Hornsea2號」是全世界發電量規模最大的海上風力發電廠。加上原本運轉的「Hornsea1號」，1號及2號加總能供應230萬戶以上的家庭用電。

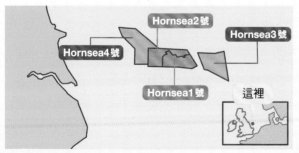

Hornsea2號

Hornsea3號

Hornsea4號

Hornsea1號

這裡

「Hornsea1號」的面積約407km²，簡直如同一座小島的規模。順帶一提，日本種子島的面積約為444km²。另外，「Hornsea3號」、「Hornsea4號」也在規劃當中。

好想知道！關於能源的各種知識 **第2章**

Q 使用風力發電的風力需要多強？

| 吹動樹枝的風（10m/s） | or | 騎腳踏車感受的風（6m/s） | or | 舒適的微風（3m/s） |

風力發電使用的風機葉片，全長約達60～90公尺。透過葉片轉動產生電力。要讓這麼大的風機轉動，究竟需要多大的風速呢？

10m/s　6m/s　3m/s

風力發電和火力發電、水力發電的基本原理相同，是**運用風力讓渦輪機運轉來產生電力**。由於風機十分巨大，而且必須間隔架設，所以需要寬廣的腹地。因此，風力發電的風機，多數都建造在山間或沿海等風力較強的地點（➡P98）。

在說明風力發電所需的風速前，讓我們先看看風力與電力的關

係吧。**葉片自風獲得的能量與風速的3次方成正比**。例如，當風速變為2倍時，會產生8倍的電力；如果風速為3倍時，則會產生27倍的電力。由此可知，即使風速只是稍有變化，形成的電力也有相當大的差異。

那麼，風力發電需要的風速究竟是多少呢？只要有每秒3公尺的風，就能讓風機的葉片旋轉而產生電力，相當於微風吹拂時所感受到的強度。所以正確答案是「舒適的微風（3m/s）」。

但是，為了更有經濟效益地設立風力發電廠，需要一年平均風速**每秒6公尺以上的風在上空穩定吹拂，這個強度大約相當於迎風騎腳踏車時，踏踏板稍微覺得吃力的程度。**

順便一提，西班牙的某個企業目前正在開發不使用葉片風機，而是在空地少的都市也能設置、有別於常規與想像的小型風力發電。

不需葉片風機的風力發電

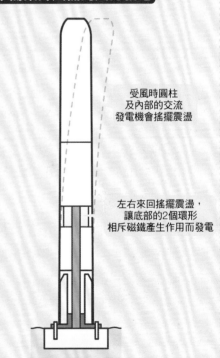

受風時圓柱
及內部的交流
發電機會搖擺震盪

左右來回搖擺震盪，
讓底部的2個環形
相斥磁鐵產生作用而發電

當風繞過這座圓柱渦輪機時，風會在後方形成渦流，利用渦流的力量讓設備搖擺震盪以產生電力。

38 和溫泉大國天造地設？什麼是「地熱發電」？

 原來如此！ 利用**地球內部熱能**的發電站。
日本的地熱資源量是**全球第3名**！

　　「地熱」是指地球內部產生的熱能。由於**日本的火山帶及溫泉帶蘊藏豐富的能量資源**，似乎能為日本帶來相當多的地熱資源。事實上，**日本的地熱蘊藏量位居全球第3**。

　　地熱發電是藉由地熱產生蒸汽，再運用蒸汽驅動渦輪運轉的發電方式。在地熱地帶深達數公里的地點，有溫度高達1000℃左右的「岩漿庫」。地熱發電就是藉由這股熱來利用溫暖的地下水。

　　地熱發電有2種方式。**閃蒸式是從地下的熱水儲存槽直接汲取蒸汽驅動渦輪運轉**〔**圖1**〕。這個方式適用於能夠汲取200℃以上高溫熱水的地點。**雙循環方式則是透過沸點低於水的正戊烷等其他液體**，汲取的蒸汽大約100℃左右，但同樣可驅動渦輪機運轉〔**圖2**〕。即便是低溫地熱也能發電受到世人注目。

　　日本的地熱發電廠所製造的電量約占整體的0.2%，和其他再生能源相較並不算多。其中一個原因是地熱帶多數位於國家公園，所以開發地熱資源需要通過多重法規及程序。

利用被地熱加熱的蒸汽與地下水

▶ 閃蒸式的地熱發電〔圖1〕

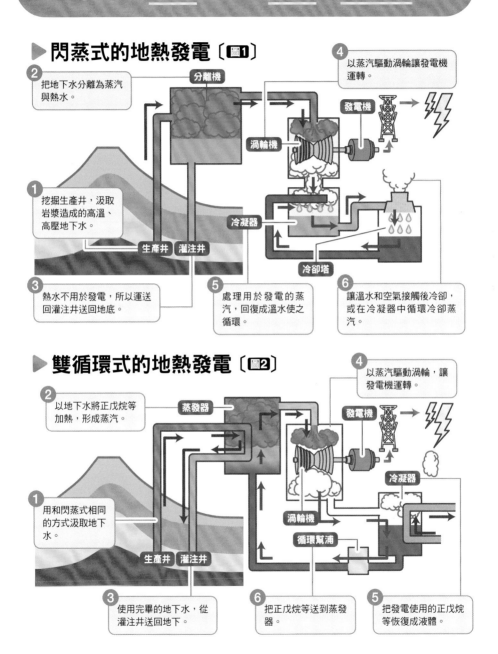

① 挖掘生產井，汲取岩漿造成的高溫、高壓地下水。

生產井　灌注井

② 把地下水分離為蒸汽與熱水。

分離機

③ 熱水不用於發電，所以運送回灌注井送回地底。

④ 以蒸汽驅動渦輪讓發電機運轉。

發電機

渦輪機

冷凝器

冷卻塔

⑤ 處理用於發電的蒸汽，回復成溫水使之循環。

⑥ 讓溫水和空氣接觸後冷卻，或在冷凝器中循環冷卻蒸汽。

▶ 雙循環式的地熱發電〔圖2〕

① 用和閃蒸式相同的方式汲取地下水。

生產井　灌注井

② 以地下水將正戊烷等加熱，形成蒸汽。

蒸發器

③ 使用完畢的地下水，從灌注井送回地下。

④ 以蒸汽驅動渦輪，讓發電機運轉。

發電機

冷凝器

渦輪機

循環幫浦

⑤ 把發電使用的正戊烷等恢復成液體。

⑥ 把正戊烷等送到蒸發器。

好想知道！關於能源的各種知識　第**2**章

以岩漿庫的地熱來發電！
資源龐大的「岩漿發電」

　　以日本為例，利用地熱的「地熱發電」（➡P104）的地熱發電廠，以東北、九州為中心運轉，占了日本必要用電的0.2%。**地熱發電使用的源頭（熱源），位於地下約2公里的淺層**。由於是利用岩漿地熱加溫的蒸汽或熱水，所以若是能更靠近更深的岩漿，照理應當可以獲得更大的能量。但人類有辦法做到這樣的事情嗎？

　　事實上，人們正在進行這方面的研究，從深達數公里到30公里

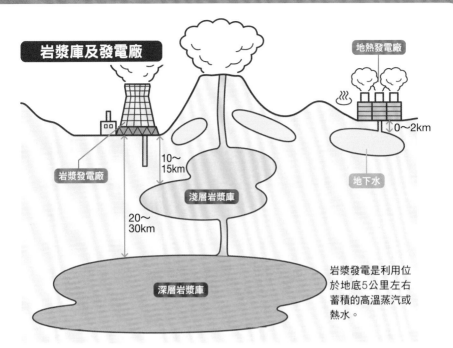

岩漿庫及發電廠

地熱發電廠

岩漿發電廠

10～15km

淺層岩漿庫

20～30km

0～2km

地下水

深層岩漿庫

岩漿發電是利用位於地底5公里左右蓄積的高溫蒸汽或熱水。

間的地底，有多個「岩漿庫」形成。岩漿庫的溫度大約是650～1300℃，在比較淺層的位置**「淺層岩漿庫」的附近，往下挖掘到大約5公里深，利用那裡蓄積的高達500℃左右的高溫蒸汽或熱水發電，稱為「岩漿發電」**。順帶一提，通常地熱發電利用的水蒸汽或熱水的溫度，大約是200～300℃。

　　能運用在岩漿發電的地下水資源的量相當龐大。根據某一派的說法，**岩漿發電能取代日本全國所需電力的3倍以上**。日本火山多，也具備開發能力，期盼日本能積極研究，領航全球的能源產業。

39 海洋的力量果然偉大？各種海洋發電

[發電]

利用潮汐的**潮汐發電**或利用波浪的**波浪發電**，還有運用海流的**海流發電**！

　　對四周環海的日本而言，離岸風電（➡P100）是未來潛力無窮的發電方法。其他還有令人前景看好的海洋發電方式。那就是利用大海特性的海洋發電。海洋發電包括潮汐發電、波浪發電及海流發電等方法〔**右圖**〕。

　　潮汐發電分為利用漲潮與退潮時海面落差的潮汐堰壩發電，以及利用潮水流動的潮流發電。潮汐堰壩發電是利用潮水漲退（潮汐）的垂直方向位能，所以不受天候影響，可以預估發電量；**潮流發電則是利用海水的水平方向流動**。

　　波浪發電是利用波浪的力量驅動渦輪來發電的方式。利用波浪讓空氣流動以推動渦輪的方法有許多種，但每一個方式都仍在邁向實用化的實驗階段。

　　此外，**還有利用海流驅動渦輪的海流發電**。因為可以設置在水深1000公尺左右的深海水域，所以不會影響船隻的運行，也不受波浪的影響，可設置的區域應該更多，另外，由於海流以一定的方向及速度流動，預估可以獲得穩固的電力。

　　此外還有**海水溫差發電**、**鹽差發電**等方式。

利用潮水漲退、波浪、溫差

▶ 海洋發電的種類

潮汐堰壩發電

從退潮到漲潮時海面上升，利用潮位落差發生的海水流動驅動渦輪，讓發電機運轉。

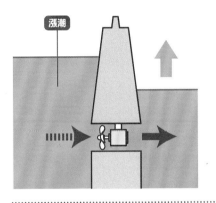

潮流、海流發電

利用海水流動的動能驅動渦輪、發電機。潮流發電與海流發電的原理幾乎相同。

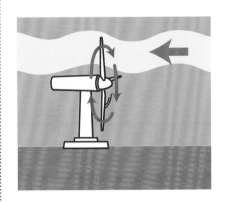

波浪發電

利用波浪上下起伏的動能來發電，有幾種不同類型。下面的例子是利用波浪製造出空氣室的內部空氣活動，讓渦輪、發電機運轉的方法。

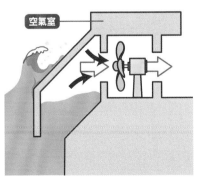

海水溫差發電

利用水溫較高的海洋表層與水溫低的深層之間的溫差，透過表層的蒸發器為氨等液體加熱製造出蒸汽來發電。蒸汽在深層冷卻後恢復成液體。

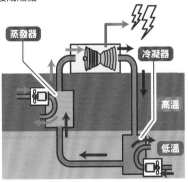

40

糞便也能成爲能源？
什麼是「生質能」？

原來如此！ 來自**動**、**植物**的資源就是**生質能**，
燃燒後製造出**熱能**！

　　最近聽到「生物質（biomass）」一詞的機會逐漸增加。所謂生質能，是泛指除了化石資源以外的**動物、植物等生物質形成的資源**。燃燒生物質時排出的二氧化碳，原本就是動植物在成長過程中從大氣吸收的二氧化碳，所以也可以說在**大氣中相互抵銷**。因此也能說是對環境友善的一種能源（➡P144）。

　　生物質分為3種〔**圖1**〕。「**廢棄生物質**」是指人畜糞便、廚餘、廢棄薪柴等。「**未利用生物質**」指的是稻桿、麥草、稻殼、森林採伐時丟棄的廢木等。「**能源作物**」則是指富有醣質的甘蔗等、富有澱粉的玉米等、含油脂的菜籽等，以及楊柳樹、極小的藻類等（➡P180）。

　　生質能（利用生物質轉換的能源）發電依燃燒方式分為3種〔**圖2**〕，都是利用蒸汽、氣體驅動渦輪來發電的原理。**直接燃燒方式**是直接燃燒生物質燃料，再利用產生的熱形成的蒸汽；**熱分解氣化方式**是以熱處理生物質燃料產生的氣體；**生物化學氣化方式**是讓生物質發酵而產生甲烷等沼氣。

生質能是化石燃料以外的動植物資源

▶ 生質能的種類〔圖1〕

來自動植物等生物質所製造的資源為生質能。生質能當中不包括煤、石油、天然氣等化石資源。

廢棄生物質	未利用生物質	能源作物

廚餘、排泄物、廢棄薪材等。	稻稈、麥草、稻殼、砍伐時的廢木等。	甘蔗、玉米、菜籽油、微細藻類等。

▶ 生質能的發電方法〔圖2〕

透過燃燒驅動渦輪，使發電機運轉而後發電，任一個方式都相同。

1 直接燃燒方式

直接燃燒生物質，以蒸汽驅動渦輪。

燃燒

2 熱分解氣化方式

加熱處理生物質而產生的氣體來驅動渦輪。

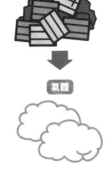

氣體

3 生物化學氣化方式

讓生物質發酵而產生的甲烷等來驅動渦輪。

發酵

好想知道！關於能源的各種知識 第2章

41 [知識] 再生能源是什麼樣的能源?

原來如此! 太陽光、風、地熱等
不會枯竭的能源!

所謂「可再生」,是指「即使曾一度利用,也能在短期間內再生,所以不會枯竭」的意思。有別於化石燃料,再生能源即使用於發電也不會排放二氧化碳,或就算排放二氧化碳也會在再生時被吸收(→P144),所以被視作環保能源。

就日本的法令[※],①**太陽能**、②**風力**、③**水力**、④**地熱能**、⑤**太陽熱能**、⑥**大氣中的熱及其他自然界存在的熱**、⑦**生質能**被定義為再生能源。

由於日本國內可取得再生能源,所以十分看好再生能源能有助於提高能源的供給率。但另一方面,也有許多必須面臨的問題〔**右圖**〕。

例如,就整體**發電的電量比例**,再生能源**設備的建設費用通常較昂貴**。另外,為了建造再生能源的發電設備,**也需要比以往的發電方式更廣闊的面積**。

同時,尤其是太陽能發電或風力發電,**受天候因素極大的影響**,因此,依賴再生能源發電而不足的電力,仍需由電力調整相對簡單的火力發電,或是發電量穩定的核電來補充。

※這條法令是指「依據能源供應事業者,非化石能源利用暨化石能源原料之有效利用之促進的相關法律施行規定」。

成本及確保腹地是必須考量的問題

▶ 再生能源的優缺點

優　點

1 不會枯竭

短期內可重複再生，不用擔心枯竭問題。

2 不會排放二氧化碳

不會排放二氧化碳等溫室效應的氣體，更為環保。

3 可利用日本國內的資源

太陽光、風、波浪等大自然資源豐富，不需依賴外國。

缺　點

1 建設成本高

相較於可發電容量用的比例，發電廠建設成本相當高。

2 需要廣闊的土地

為了確保發電量，通常需要廣闊的土地。

3 受天候影響

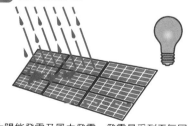

太陽能發電及風力發電，發電量受到天氣因素極大的影響。

和太陽能發電不同？
何謂「太陽熱能發電」？

原來如此！

以太陽光製造電力的是太陽能！
直接運用太陽熱的是太陽熱能！

與太陽能發電名稱近似的能源利用方法中，有「**太陽熱能**」的發電方式。太陽能與太陽熱能都是設置在建築物的屋頂等場所加以利用，所以外觀十分相近。那麼，兩者究竟有何差異呢？

太陽能發電是使用太陽能板（太陽電池），運用太陽光製造電力的設備，**太陽熱能則是從陽光吸收熱能來加熱水溫**。人陽熱能產品有自然循環式的「**太陽能熱水器**」，與強制循環型的「**太陽能供暖系統**」。

太陽能熱水器的結構十分單純，是利用從陽光吸收熱能再傳導到水裡的「集熱器」，以及儲存熱水的「儲熱桶」的一體結構。只要運用冷水和熱水的密度差就能形成自然循環，所以不需要其他的能源〔**圖1**左〕。

太陽能供暖系統則是透過防凍劑等媒介在集熱器加溫，再送進蓄熱槽將水加熱。由於集熱槽和蓄熱槽各自分離，只要將蓄熱槽設置在地面上，就可以減少屋頂承載的負擔〔**圖1**右〕。

相較於太陽能發電效率僅有10～20％，太陽熱能轉換成熱水供應的效率達40％左右，因此可以說**太陽熱能在熱水的運用效率較佳**〔**圖2**〕。

太陽熱能轉換爲熱能的效率較佳

▶ 太陽熱能的種類〔圖1〕

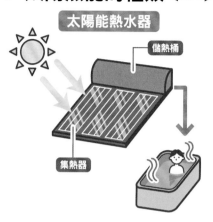

太陽能熱水器

儲熱桶

集熱器

收集陽光熱度的集熱器和儲存熱水的儲熱桶一體成形，主要是供浴室或洗臉台的熱水。

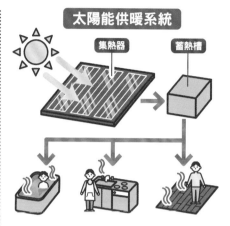

太陽能供暖系統

集熱器

蓄熱槽

設置在地面的蓄熱槽把水加熱。不僅浴室及洗臉台，也可以用於廚房及地板暖氣。

▶ 太陽能與太陽熱能的差異〔圖2〕

由於轉換成熱能的能量效率較高，如果是使用熱水，使用太陽熱能較有利。

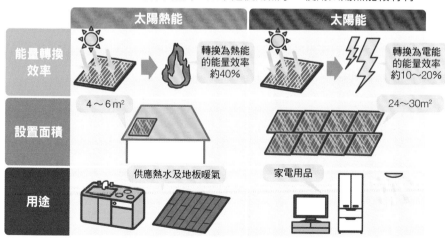

	太陽熱能	太陽能
能量轉換效率	轉換為熱能的能量效率約40%	轉換為電能的能量效率約10～20%
設置面積	4～6 m²	24～30m²
用途	供應熱水及地板暖氣	家電用品

43 有沒有尚未使用的能源？

[資源]

原來如此！ 使用**工廠排放的廢水**或**冬季的冰雪**，
利用**廢水廚餘**進行發電等研究！

前面介紹了水力發電、太陽能發電、風力發電、地熱發電、海洋發電、生質能發電等，都是可再生的能源。其實，目前還有其他正在進行研究的再生能源。

例如**貯存冰雪來作為夏天的冷氣或用來冷藏食材（雪冰熱利用）**，就能節約電費〔 **圖1** 〕。

另外，**回收來自廚餘或食品廢棄物形成的甲烷，應用於燃料或發電的研究**也正在進行當中。工廠部分也正進行**再利用由機械或排水產生的熱（廢熱），運用於發電的研究**〔 **圖2** 〕。

這些都是過去不曾視作能源來運用的資源，稱之為「**未利用能源**」。雖然未利用能源遍及全國，但相對的有**密度低，或是因為季節、時間而產生的偏倚狀況**。另外，多數都位於距離耗電量高的都會區偏遠的地方，所以有效運用變得困難。

但是，若是這些能源能有效回收、貯藏、運送，搭配其他能源合併使用的話，我們就能往實現無碳排的社會更近一步。

生活周遭的未利用能源

▶ 雪冰熱利用實例〔圖1〕

北海道的新千歲機場收集跑道上的積雪，利用雪冰熱可以取代約20%的夏季冷氣。

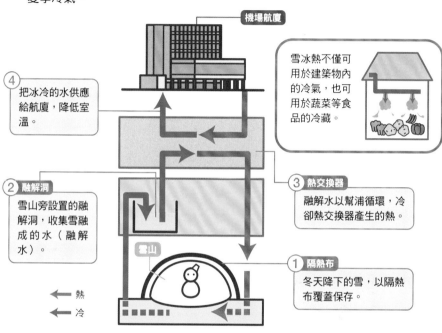

機場航廈

雪冰熱不僅可用於建築物內的冷氣，也可用於蔬菜等食品的冷藏。

④ 把冰冷的水供應給航廈，降低室溫。

② **融解洞**
雪山旁設置的融解洞，收集雪融成的水（融解水）。

③ **熱交換器**
融解水以幫浦循環，冷卻熱交換器產生的熱。

雪山

① **隔熱布**
冬天降下的雪，以隔熱布覆蓋保存。

◀── 熱
◀── 冷

▶ 尚未利用的能源〔圖2〕

廚餘

回收廚餘及食品廢棄物產生的甲烷後加以利用。

廢熱

利用運轉升溫的機械或排水形成的熱能。

日本第一位製作燈泡的企業家
藤岡市助
（1857－1918）

藤岡市助是日本的工業學者及企業家。他成功製造出日本最早的電燈泡。其他貢獻還包括讓日本首次有電車行駛、電梯的運轉等，致力推廣電力的普及，有「日本愛迪生」之稱。

藤岡市助於1857年出生，是岩國藩士的長男。在他出生3年前，美國東印度艦隊司令官培里，率領艦隊進入浦賀，可說出生於動盪的幕府末期。幼年時在藩校學習，明治維新後在岩國英國語學所學習。18歲時在工學寮（之後升格為工部大學，為現在東京大學工學院前身之一）學習，進行電燈的研究。1878年在日本進行首次點亮弧光燈（以電弧來產生光源，屬於氣體放電燈的一種）的實驗中，他以英國物理學者威廉‧湯姆森教授的助手身分參加實驗。

1884年赴美，視察在費城舉辦的萬國博覽會，在愛迪生電燈公司（後來的通用電氣／GE）觀摩鎢絲燈（又稱白熾燈）。返日後致力推動鎢絲燈的國產化及普及化。1886年，在藤岡的建議下，成立了東京電燈（東京電力株式會社的前身），1890年與三吉正一共同創立白熱舍（日文的鎢絲燈泡寫成「白熱電球」），開始製造燈泡。白熱舍不久和芝浦製作所合併，為今日東芝的前身。

第3章

原來是這樣嗎？

能源與
世界各國

能源為各國的國力帶來影響。
而且，二氧化碳的排放也引起了氣候變遷。
本章將說明世界各國有關能源的動向，
以及我們應該解決的課題。

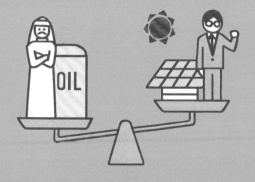

44

[世界]

全球使用最多的
能源是什麼？

原來如此！ 石油占第1名！和其他的天然氣、煤等
化石燃料，占了8成以上！

不同的發電方式消耗各種不同的能量資源。目前消耗最多的資源是什麼呢？說到能量資源，一般人首先想到的可能是石油、煤，沒錯！**化石燃料占了整體的8成以上。**

比較2020年全球能源消耗量，**石油的消耗量最多（31.2%）**，其次是煤（27.2%），接著依序為天然氣（24.7%）、水力（6.9%）、核能（4.3%）〔**圖1**〕。化石燃料中石油位居第一的原因，是因為運送及保存容易，用途也較廣泛（➡P72），而且沒有燃燒後的殘渣，可以任意使用等。

目前預估今後全世界的人口會繼續增加，全球的能源消耗也會日益增加。尤其是亞洲開發中國家隨著社會變得富裕、經濟活動蓬勃，能源消耗也會變得更多。根據總公司設置於英國的多國企業「BP」的報告書，**亞洲、大洋洲的一次能源消耗量，於2019年達全球消耗量的約44%**〔**圖2**〕。由此可知有必要加快再生能源擴展到全球的速度。

▶ 全球能源消耗量 〔圖1〕

全球能源總消耗量有8成以上是化石燃料。再生能源則是以水力為最多。

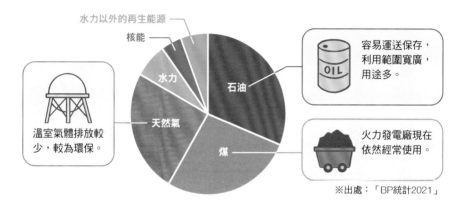

水力以外的再生能源
核能
水力
天然氣
石油
煤

溫室氣體排放較少，較為環保。

容易運送保存，利用範圍寬廣，用途多。

火力發電廠現在依然經常使用。

※出處：「BP統計2021」

▶ 亞洲經濟發展與二氧化碳排放量 〔圖2〕

下圖是全球能源消耗量換算成「石油換算噸」的單位，把1965年以後的變化整理成圖表。

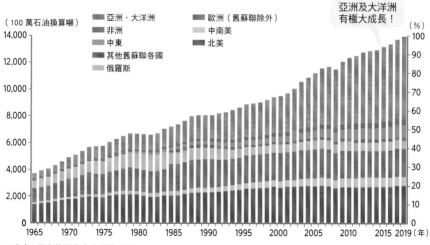

（100 萬石油換算噸）

- 亞洲、大洋洲
- 非洲
- 中東
- 其他舊蘇聯各國
- 俄羅斯
- 歐洲（舊蘇聯除外）
- 中南美
- 北美

亞洲及大洋洲有極大成長！

※出處：日本能源廳官方網頁／2019

121

45 日本使用多少化石燃料？

[世界]

原來如此！ 日本**對化石燃料的依賴全球數一數二。**化石燃料的使用率為**87%**！

日本最常使用哪一項能源呢？**最多的是石油，約占38%，其次是煤，約占27%，再其次是天然氣，約占22%**，總計**化石燃料約占87%**（2020年度）。

這個占比，在主要國家當中也是相當高的數字。事實上，日本是過度依賴化石資源的國家之一。順便一提，**第1名的印度約占90%**，第2名是俄羅斯，約占87%，和日本幾乎相同，中國約占85%，美國則大約占了81%〔 **圖1** 〕。

日本最大問題在於這些資源幾乎完全仰賴進口。尤其是石油，多數仰賴中東各國。**原油的輸入國中，沙烏地阿拉伯占34.1%；阿拉伯聯合大公國占32.7%**。除了這兩個國家，加上其他中東各國共占將近9成左右（2019年度）〔 **圖2** 〕。

煤、天然氣等化石資源也幾乎都仰賴進口。2011年的311大地震後，由於核能電廠停擺，2014年原本運轉的17座核能發電廠降到0。當年度的能源自給率，降到僅存6.3%。但是現在核能電廠重新運轉，並導入再生能源，**2019年的自給率增加到12.1%**。

▶ 全球化石燃料利用狀況〔圖1〕

下圖是國際能源署（International Energy Agency，IEA）公布的主要大國運用能源的比率。

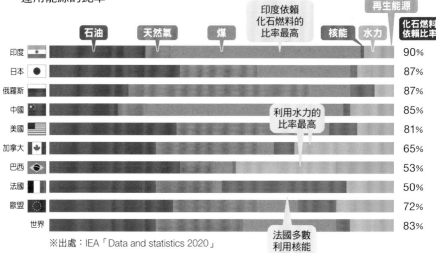

印度依賴化石燃料的比率最高

再生能源

| | 石油 | 天然氣 | 煤 | 核能 | 水力 | 化石燃料依賴比率 |

印度 90%
日本 87%
俄羅斯 87%
中國 85%
美國 81%
加拿大 65%
巴西 53%
法國 50%
歐盟 72%
世界 83%

利用水力的比率最高

法國多數利用核能

※出處：IEA「Data and statistics 2020」

▶ 日本的原油輸入國〔圖2〕

中東7個國家占了原油輸入國近9成。

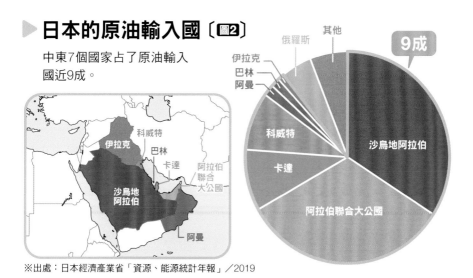

其他
俄羅斯
伊拉克
巴林
阿曼
科威特
卡達
阿拉伯聯合大公國
沙烏地阿拉伯

9成

科威特
伊拉克
巴林
卡達
阿拉伯聯合大公國
沙烏地阿拉伯
阿曼

※出處：日本經濟產業省「資源、能源統計年報」／2019

46
[世界]

煤、天然氣、石油的首要生產國是哪裡？

原來如此！ 石油、天然氣第1名是美國，第2名是俄羅斯。煤第1名是中國，第2名是印度！

石油、煤和天然氣，生產量最多的國家都不同。而且**生產量多的國家蘊藏量未必最多**。這是因為可能並未擁有充分開採的技術，或因為成為外交或貿易交涉的籌碼，所以各個政府不時會調整開採的量。

石油產量的前3名，分別是**年產量約7億1272萬噸的美國**，其次是俄羅斯、沙烏地阿拉伯。另一方面，**蘊藏量則是委內瑞拉為最多，約有3038億桶（barrel／約41億噸）**，其次是沙烏地阿拉伯、加拿大（2020年）〔**右圖**上〕。

至於**煤（包含亞煤※），中國年產量約39億噸**，遠遠超出2、3名的印度、印尼。**蘊藏量則是約2489億噸的美國占第1名**，俄羅斯第2名、澳洲為第3名（2020年）〔**右圖**中〕。

天然氣產量的前3名，則是**年產量約9146億m³（立方公尺）的美國為第1名**，其次為俄羅斯、伊朗。**蘊藏量則是大約37兆m³的俄羅斯為第1名**，其次為伊朗、卡達（2020年）〔**右圖**下〕。

擁有廣大國土與技術能力的美國及俄羅斯，從產量及蘊藏量方面都居於上位來看，就能了解在化石資源方面十分得天獨厚。

※亞煤：褐煤的一種，是日本的特有分類。

蘊藏量多的國家有別於產量多的國家

▶化石燃料的生產量及蘊藏量

不論哪一種化石燃料，生產量多的國家和蘊藏量多的國家都多少有點差異。

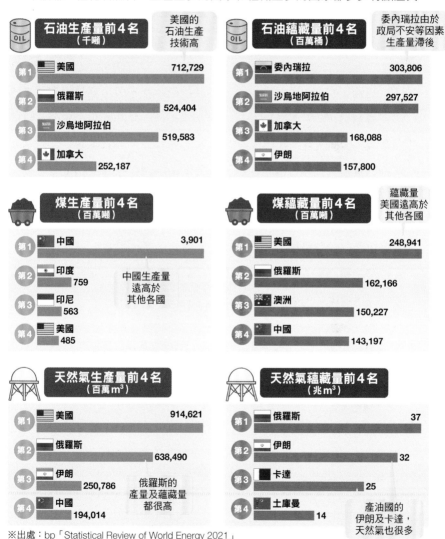

石油生產量前4名（千噸）

美國的石油生產技術高

- 第1 美國 712,729
- 第2 俄羅斯 524,404
- 第3 沙烏地阿拉伯 519,583
- 第4 加拿大 252,187

石油蘊藏量前4名（百萬桶）

委內瑞拉由於政局不安等因素生產量滯後

- 第1 委內瑞拉 303,806
- 第2 沙烏地阿拉伯 297,527
- 第3 加拿大 168,088
- 第4 伊朗 157,800

煤生產量前4名（百萬噸）

- 第1 中國 3,901
- 第2 印度 759
- 第3 印尼 563
- 第4 美國 485

中國生產量遠高於其他各國

煤蘊藏量前4名（百萬噸）

蘊藏量美國遠高於其他各國

- 第1 美國 248,941
- 第2 俄羅斯 162,166
- 第3 澳洲 150,227
- 第4 中國 143,197

天然氣生產量前4名（百萬 m^3）

- 第1 美國 914,621
- 第2 俄羅斯 638,490
- 第3 伊朗 250,786
- 第4 中國 194,014

俄羅斯的產量及蘊藏量都很高

天然氣蘊藏量前4名（兆 m^3）

- 第1 俄羅斯 37
- 第2 伊朗 32
- 第3 卡達 25
- 第4 土庫曼 14

產油國的伊朗及卡達，天然氣也很多

※出處：bp「Statistical Review of World Energy 2021」

47 哪個國家產鈾最多？

[世界]

原來如此！

哈薩克是遙遙領先的第1名！
第2名是加拿大，第3名是澳洲。

任何國家都能生產核能發電廠使用的鈾嗎？**鈾產量最高的前5名，第1名是年產量遙遙領先**，達2萬2808tU的**哈薩克**。其次分別是加拿大、澳洲、納米比亞、烏茲別克（2019年）。計算單位「tU（公噸鈾）」是「鈾換算噸」的意思，用以表示鈾在金屬狀態時的重量。

另一方面，**蘊藏量最多的則是澳洲**，約2萬9400tU，其次是哈薩克、加拿大、俄羅斯、納米比亞（2019年）〔**右圖**〕。**相較於石油集中於政治情勢動盪的中東地區**，鈾的蘊藏區域分布世界各國，因此**供應量相對穩定**。其實，日本的岐阜縣和岡山縣也蘊藏著鈾，但基於成本考量仍由澳洲及加拿大等進口。

另外，**鈾即使少量也能汲取出巨大的能量，所以在運送、貯藏上都更容易**也是一大優點。以普通家庭1年所需的電力來說，使用煤來發電需要1000公斤以上，石油也需要多達800公斤。相較之下，濃縮的鈾只需0.011公斤，重量大約相當於11個1日圓硬幣。

▶ 鈾的生產量及蘊藏量

鈾生產量前 4 名	
第1 哈薩克	22,808tU
第2 加拿大	6,944tU
第3 澳洲	6,613tU
第4 納米比亞	5,013tU

遙遙領先的第1名

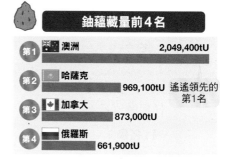

鈾蘊藏量前 4 名	
第1 澳洲	2,049,400tU
第2 哈薩克	969,100tU
第3 加拿大	873,000tU
第4 俄羅斯	661,900tU

遙遙領先的第1名

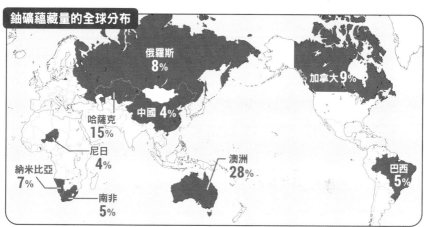

鈾礦蘊藏量的全球分布

俄羅斯 8%
加拿大 9%
中國 4%
哈薩克 15%
尼日 4%
納米比亞 7%
澳洲 28%
南非 5%
巴西 5%

上圖中的9個國家占了全球鈾礦蘊藏量的85%。

※出處：經濟合作暨發展組織核能署（OECD／NEA）／國際原子能總署（IAEA）
「鈾2020－資源、生產、需要」

鈾的能源效率

只要有11個1日圓硬幣重量的濃縮鈾，就可以發電普通家庭1年所需的電力。

濃縮鈾　1日圓硬幣 11 個

普通家庭 1 年所需的電力

48 化石燃料如何搬運？

[資源]

原來如此！ 利用油輪運送到世界各國。
天然氣有時會利用管線運輸！

日本必須進口大量的化石燃料（→P122）。形態、性質都各自不同的化石燃料，究竟如何運送呢？由於石油生產是在中東等相較之下受限的地區，所以會**使用大型油輪（液貨船）透過海運供應至全球各地**。在日本國內，工業用的重油長途運送時是利用**油輪或鐵路、油罐車**；汽油、煤油、輕油等則是以**油罐車**運送〔**右圖**〕。

煤也是在海運時利用船舶運送，陸運則使用鐵路。至於天然氣的運送，若是從俄羅斯送到歐洲各國，或是北美境內等陸地相鄰時，可以**直接利用管線運輸天然氣**。但若是像日本必須透過海運時，則會先冷卻為－162℃的液體，先轉換為容積壓縮到600分之1的「**LNG**」（→P66），再使用專用的油輪來運送。

順便一提，100萬kW的發電設備一整年運轉所需要的資源，如果是煤，大約需要12艘大型運煤船（載重量約20萬噸）來運送；石油則需要8艘大型油輪（載重量約20萬噸）；天然氣則大約需要5艘LNG專用船（載重量約20萬噸）；**濃縮鈾的話為21噸，所以只需要2輛載重量10噸的卡車**就能運送完畢。

▶ 化石燃料的運送

從海外以油船送達日本的化石燃料，在日本國內以鐵路或輸送車來運送。

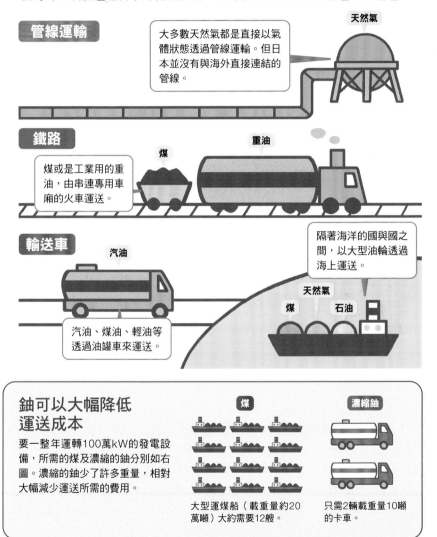

管線運輸

大多數天然氣都是直接以氣體狀態透過管線運輸。但日本並沒有與海外直接連結的管線。

天然氣

鐵路

煤或是工業用的重油，由串連專用車廂的火車運送。

煤　重油

輸送車

汽油

汽油、煤油、輕油等透過油罐車來運送。

隔著海洋的國與國之間，以大型油輪透過海上運送。

天然氣　煤　石油

鈾可以大幅降低運送成本

要一整年運轉100萬kW的發電設備，所需的煤及濃縮的鈾分別如右圖。濃縮的鈾少了許多重量，相對大幅減少運送所需的費用。

煤　　濃縮鈾

大型運煤船（載重量約20萬噸）大約需要12艘。

只需2輛載重量10噸的卡車。

今後沒有新的可用燃料?

頁岩油、油砂
甲烷水合物等新的化石燃料!

提到化石燃料,一般都會聯想到石油、煤、天然氣,但實際上,有別於自古以來就有的化石資源,新的化石資源也受到注目,那就是**頁岩油、油砂、甲烷水合物**等。

頁岩油、頁岩氣雖然都是很久以前就為世人所知,但因為蘊藏在**頁岩(shale)**中,不論就技術或成本層面來說,要開採都相當困難。不過,由於**利用高水壓裂岩採掘,開採石油的技術進步**的緣故,因而變得有開採價值〔**右圖**左〕。

油砂是蘊藏在砂或砂岩中的石油。過去開採也是十分困難,但目前因為將壓縮水蒸汽注入地層深處為地層加溫,增加重油的流動性,再用管線抽出的開採技術進步,現在已成為可具體施行的產業〔**右圖**右〕。

甲烷水合物則是蘊藏在低溫、高壓的深海底或永凍土之下,是一種必須在一定的壓力及溫度下才能存在,宛如冰塊般的物質。據說**日本近海蘊藏著數量在全球屈指可數的甲烷水合物**(➡P160),但目前符合效益的開採技術仍未確立,現階段仍在持續研究當中。

▶頁岩油、油砂的開採方式

昔日難以開採的燃料，由於技術進步已能進行開採。

頁岩油、頁岩氣

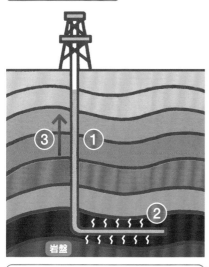

岩盤

1. 透過管線把高壓的水與藥劑輸送到地底。

2. 以高壓水將頁岩切割出裂縫。

3. 開採天然氣或石油。

油砂

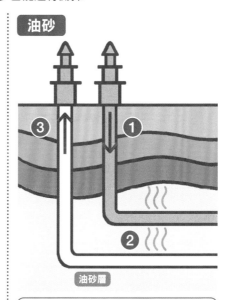

油砂層

1. 透過管線送入壓縮的水蒸汽。

2. 把較重的油，透過水蒸汽增加流動性。

3. 開採油砂。

實用化指日可待的甲烷水合物

蘊藏在深海或永凍土底下，在一定壓力及溫度的條件下成形的物質。其為宛如冰狀的物質，成分是天然氣主成分的甲烷及水。由於外觀及可用火燃燒的特性，也被稱為「可燃冰」。

能了解世界情勢？什麼是「能源地緣政治學」

原來如此！ 地緣政治學是以地理條件作為研究策略的政治學。從能源角度進行研究的領域即為能源地緣政治學！

　　所謂的地緣政治學，是研究國際政治與地理、自然環境間關係的學問。而**針對能源的角度來研究的領域，稱為「能源地緣政治學」**。

　　世界各國都為了確保化石燃料而角力，衍生國與國之間的對立、競爭，對外交政策造成影響。以大量生產石油的**中東各國來說，就運用在經濟政策或外交，如減量生產而使得價格高漲等**〔**圖1**〕。

　　就在近年，2022年2月發生俄羅斯**入侵烏克蘭**事件，讓國際社會再次認識到依賴特定地區的能源所衍生之風險。俄羅斯的石油及天然氣產量及蘊藏量都是全球的前段班（➡P124），這使從俄羅斯透過管線運輸來進口天然氣的德國等歐洲國家的危機感擴大。由於俄羅斯採取**經濟制裁作為報復手段，減少供應量**的緣故，使得**化石燃料價格高漲**，對於歐洲各國經濟造成巨大的打擊〔**圖2**〕。

　　由此可知為了抑制氣候變遷而加速推進再生能源普及，在能源地緣政治學的角度上也十分重要。

▶ 產油國的外交策略〔圖1〕

藉由調整石油產量,能夠使得原油或燃料價格上漲。燃料價格變得昂貴,導致輸送成本上漲,也會影響日用品的價格。

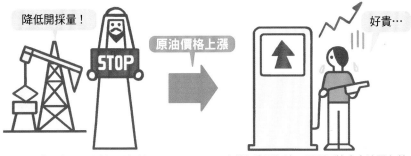

降低開採量!

STOP

原油價格上漲

好貴…

產油國藉著減少產量,控制原油價格。

由於打亂了經濟,不得不答應產油國在外交方面的要求。

▶ 歐洲的天然氣危機〔圖2〕

由於管線運輸供應中斷,使得德國的天然氣儲存量減少。因此,只好呼籲國民節電、節省天然氣的使用。

俄羅斯

STOP 北溪天然氣管線

德國利用通過波羅的海的海底管線「北溪天然氣管線」接受天然氣供應

德國

※山處:bp「Statistical Review of World Energy 2021」

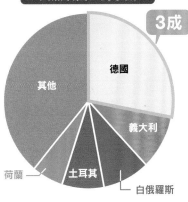

經由管線運輸的俄羅斯天然氣出口對象國

3成

德國

其他

義大利

荷蘭

土耳其

白俄羅斯

俄羅斯透過管線運輸出口的天然氣約有3成是出口到德國。德國的天然氣約有6成依賴俄羅斯供應。

將能源儲存在砂中！
開發中的「砂電池」

在再生能源的普及議題上，**當前的主要課題是供應的不穩定性**。例如太陽能與風能都會受天候影響，使發電量時多時少，所以無法完全仰賴。因此，各種蓄電池的開發正在進行當中。鋰離子電池就是其中代表（➡P192）。不過，現在出現更便宜的可儲藏能源的構想。那就是**把能源儲存在我們生活周遭的「砂」裡。砂子不但便宜、穩定，而且地球上的砂資源幾乎可說是取之不盡、用之不竭。**

芬蘭企業開發出了全球第一個商業用途的「**砂電池（Sand Battery）**」。做法是將再生能源取得的電力，轉換成熱能儲存在砂裡。砂電池是直徑4公尺、高7公尺的柱狀體，**裡面填入100噸的砂**。因為是把從電力轉換成的熱儲存起來，所以嚴格來說，與其說是電池，更貼切的說法是儲熱系統。所儲存的熱可以**利用於建築物的暖氣或溫水游泳池**。芬蘭因為必須對抗嚴寒的天氣，所以砂電池對於地區的暖氣系統很有貢獻。

另一方面，美國為了蓄電研發的真正砂電池，目前已進入試作階段。這個系統是使用**來自再生能源的電力，把砂加熱到1200℃後儲藏起來**。當用電高峰時，把熱砂供應給熱交換器，驅動發電機的渦輪旋轉來發電。在用電離峰時，再次加熱冷卻的砂子作為熱能儲藏。**只要調節砂的量就能輕易調整能源的儲藏量**，所以非常容易利用是其特徵。

砂電池的活用

下圖是利用再生能源的地區供暖例子。

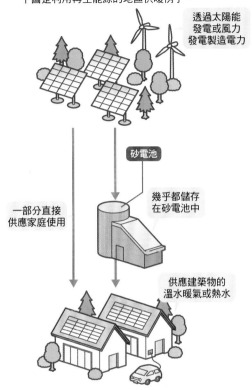

透過太陽能發電或風力發電製造電力

砂電池

幾乎都儲存在砂電池中

一部分直接供應家庭使用

供應建築物的溫水暖氣或熱水

51 為什麼能源消耗會導致地球暖化？

[環境]

原來如此！ 排放的二氧化碳等溫室氣體，使熱能積聚在地球表面！

地球因為接收太陽傳來的熱能而溫度上升。另一方面，地球會把熱能散發返回太空。但吸收這些熱能的一部分，導致這些熱能留在地球表面的，就是**二氧化碳（CO_2）、甲烷及氯氟烴等「溫室氣體」**（➡P68）。

倘若完全沒有溫室氣體，地球多數的熱能將釋放到太空，地球的平均氣溫可能會降至－19℃以下。雖然維持地球生存環境需要溫室氣體，但**增加過多時，應該釋放到太空的熱能完全籠罩在地球表面，便導致了地球暖化**〔**圖1**〕。

18世紀的工業革命以後，隨著工業發展，人類**消耗大量的化石燃料，二氧化碳不斷排放**，並且因為開發的緣故，大量砍伐森林，使得可以吸收二氧化碳的植物減少，而**大氣層中的二氧化碳大量增加，導致地球氣溫開始上升**。

尤其是近年，隨著亞洲各國經濟發展，化石燃料消耗量遽增，這也導致全球二氧化碳排放量急速上升，從**1971年到2019年之間上升到2倍以上**〔**圖2**〕。可以說**工業革命以後人類活動的結果，使得全球平均氣溫大約上升了1℃**。

▶ 溫室效應的過去與現況〔圖1〕

地球的生存環境不能沒有溫室氣體，但過度增加則會加速地球暖化，導致氣候變遷。

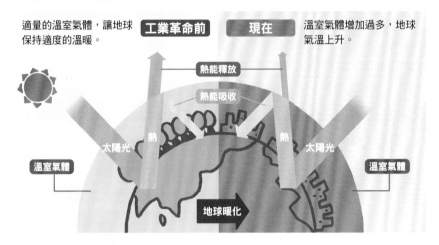

適量的溫室氣體，讓地球保持適度的溫暖。

工業革命前　**現在**

溫室氣體增加過多，地球氣溫上升。

熱能釋放
熱能吸收
太陽光　熱　熱　太陽光
溫室氣體　溫室氣體
地球暖化

▶ 二氧化碳排放量的變化〔圖2〕

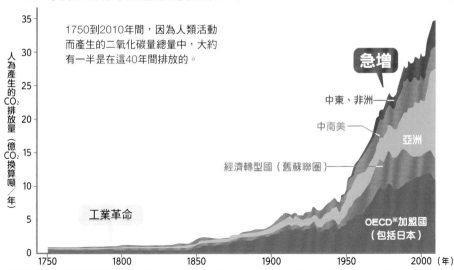

1750到2010年間，因為人類活動而產生的二氧化碳量總量中，大約有一半是在這40年間排放的。

急增

中東、非洲
中南美
亞洲
經濟轉型國（舊蘇聯圈）
OECD[※]加盟國（包括日本）
工業革命

人為產生的CO_2排放量（億CO_2換算噸／年）

35　30　25　20　15　10　5　0

1750　1800　1850　1900　1950　2000（年）

※經濟合作暨發展組織（OECD，Organization for Economic Cooperation and Development）
※出處：日本環境省「IPCC（聯合國跨政府氣候變遷小組）第5次評鑑報告書概要」

52 地球暖化會發生哪些影響？

[環境]

原來如此！ 氣候異常使傳染病、災害的風險擴大。
有些生物因為海面上升等，瀕臨滅絕危機！

　　地球溫度上升，會對我們的生活產生什麼樣的影響呢？首當其衝的，是到目前為止保持絕佳平衡的地球大氣層的平衡瓦解，**容易發生豪雨、熱浪等異常氣象**。另外，也增加了永凍土融化而釋放出**未知的古代病毒**，或因為蚊蠅大量滋生而傳播**傳染病**等風險。

　　當豪雨頻繁發生時，發生**洪水或土石流等自然災害的風險**也相對提高。另一方面，也可能出現極端乾燥的地區，導致**乾旱或森林大火的發生**，擴大沙漠範圍。

　　另外，當地球暖化可能使北極圈或南極的冰封融化、海水膨脹，使海平面上升。**過去的100年間，海面已上升了16公分**。如果海面照這個情形繼續上升，有些國家的國土可能因此而淹沒消失。

　　類似這樣的地球環境激烈變化，可能威脅生物的生存，**改變整個生態系**。某些動植物將因此瀕臨絕種，例如生活在冰上的北極熊、必須攝取大量植物的非洲象等。氣候變遷也會對農業造成打擊，因而帶來**糧食危機**。

▶ 地球暖化影響的例子

氣候異常

從海洋與地面蒸發的水分增加，水蒸氣增加，容易形成豪雨。

病毒蔓延

永凍土融化，原本冰封沉睡的未知病毒重新活躍。

自然災害

豪雨帶來洪水及土石流。或是日照形成的乾旱等天災。

海平面上升

海水膨脹，或極地的冰層融化，使得海平面上升。

生態系變化

失去居住場所、攝取不到食物，動植物因而瀕臨滅絕的危機。

糧食危機

農作物難以充分栽培，人類糧食或家畜飼料不足。

國土消失？
太平洋的島國吐瓦魯

吐瓦魯是全球第4小國，國內最高點僅有海拔4.6公尺，是受海平面上升威脅最嚴重的國家。吐瓦魯政府曾提出警告，若這個情況繼續下去，吐瓦魯可能在21世紀末以前國土便完全沉入海底。

這裡

澳洲　　　　紐西蘭

牛打嗝導致地球暖化？
甲烷的發生源頭？

**原來
如此！** 甲烷的生成除了垃圾掩埋場，
還有牛打嗝及水田！

　　溫室氣體當中最具代表性的是二氧化碳，**含量第2高的則是甲烷**。甲烷**對溫室效應的影響異常地高，大約達二氧化碳的20倍**。

　　二氧化碳是從火力發電廠或汽車等排放出來。那麼甲烷是從什麼地方生成的呢？甲烷的形成，是來自**垃圾掩埋場**、**天然氣**、**煤礦開採場**等地方。另外，也有很大的比例是來自**牛隻等家畜打嗝**或**水田的排放**〔**圖1**〕。尤其近年來，東南亞的甲烷排放量增加，據說就是因為畜產業的發展及稻作因素。

　　為了減少溫室氣體，不僅二氧化碳，也必須減少甲烷的產生。因此現在正研擬**在牛隻的飼料添加不飽和脂肪酸鈣，減少牛打嗝時所含的甲烷氣體**。另外，也在進行於水田中**增加以甲烷為營養來源的細菌，藉以減少甲烷**的研究。做法是在水田中養殖魚類，由於魚會吃掉以細菌為食的動物性浮游生物，當動物性浮游生物減少，就能讓以甲烷作為營養素的細菌增加，最終達到減少甲烷的目的〔**圖2**〕。

▶ 牛隻和水田排放的甲烷〔圖1〕

甲烷除了在能源領域形成以外，也經常在牛隻打嗝或排泄物、稻作等農業領域形成。

牛的消化器官中，微生物（甲烷菌）會分解食物而產生氫。氫結合二氧化碳產生化學反應後形成甲烷。

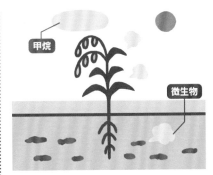

當水田充滿水，製造甲烷的微生物會變得更活躍，這樣一來就會透過稻子的根、莖釋放甲烷。

▶ 減少水田甲烷構造的例子〔圖2〕

為了減少甲烷，正在研擬利用食物鏈的方法。

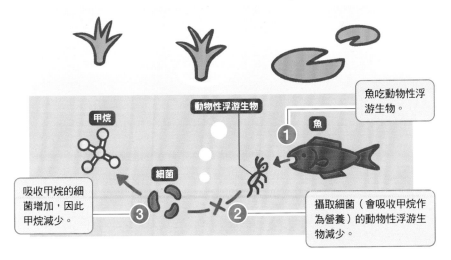

魚吃動物性浮游生物。

動物性浮游生物

甲烷

細菌

魚

①

②

③

吸收甲烷的細菌增加，因此甲烷減少。

攝取細菌（會吸收甲烷作為營養）的動物性浮游生物減少。

Q 到了2050年，海平面會上升幾公分？

10cm or 30cm or 100cm

由於地球暖化的影響，海平面每年都會上升。雖然目前各國除了致力於再生能源的轉換，也努力減少二氧化碳的排放。但照目前的情況，2050年海平面會上升多少呢？

10cm　30cm　100cm

工業革命以後，加速了地球暖化的腳步。當地球的溫度上升，也會影響海洋的水溫上升。結果北極圈與南極蓄積的冰層融化，使得**海平面上升**（➡P138）。

另外，由於水具有溫度上升會膨脹的特性。因此，冰河的冰融解，加上**氣溫上升使海水體積膨脹**，也是造成海平面上升的原因。

根據調查結果，地球的海平面在1880年以後，已經上升20公分以上。而且，**其中的約8公分是在最近的25年期間快速上升**。許多不同機構都對此加以預測，不過根據美國國家海洋暨大氣總署（NOAA）於2022年2月15日發表的報告，2050年時，海平面將會上升25至30公分。也就是說，雖然推測從1900年開始的100年間，海平面已經上升了大約17公分，但**今後的30年期間，海平面將會上升這個數字的1.5倍甚至2倍**。

因此，正確答案是「30公分」。

日本四周環海，擁有眾多的沙灘，但萬一海平面上升1公尺時，預估將會失去90%的沙灘。

海平面上升侵蝕海岸面積的比率

下圖是當海平面上升30公分、65公分、1公尺時，海岸受到侵蝕的比例。

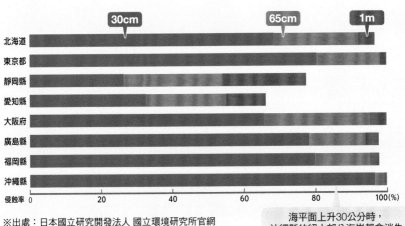

※出處：日本國立研究開發法人 國立環境研究所官網

海平面上升30公分時，沖繩縣的絕大部分海岸都會消失

54 「碳中和」防止地球暖化？

[環境]

原來如此！ **吸收排放**的二氧化碳
實現**正負抵銷**即為**碳中和**！

為了防止地球暖化，包含日本在內的世界各國，誓言在2050年前達到「碳中和」。究竟什麼是碳中和呢？那就是雖然努力盡可能地減少溫室氣體排放量，**但難以避免排放的部分，就利用種樹或碳中和**（➡P150）**等方式來吸收，和溫室氣體的量達到正負抵銷**〔**圖1**〕。

世界各國為了討論地球暖化對策，在聯合國的主導下，從1995年起每年都會舉辦「**聯合國氣候變遷綱要公約締約國大會（Conference of the Parties, COP）**」。COP的重大決議，是1997年的COP3簽定的《**京都議定書**》及2015年的COP21通過的《**巴黎協定**》。

《**京都議定書**》**訂定了溫室氣體排放量的削減目標，作為國際的目標共識**，是劃時代的協議。然而，由於這個目標只規範先進國家，使得不滿的國家紛紛退出，難以達成共識。因此不分先進國家或開發中國家，所有國家都同意努力達成的目標，便是《巴黎協定》。《巴黎協定》的目標就是「**全球平均氣溫上升幅度與工業革命前相比，控制在2℃以下，並努力將升溫幅度減至1.5℃**」〔**圖2**〕。

144

設定二氧化碳排放量的削減目標

▶ 碳中和的構想 〔圖1〕

把不得不排放的二氧化碳等溫室氣體，透過其他方式削減，和排放量相互抵銷時，就是「碳中和」。

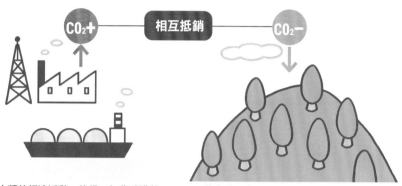

CO₂+ —— 相互抵銷 —— CO₂−

由於人類的經濟活動，使得二氧化碳排放量增加。

藉由增加進行光合作用的植物，減少二氧化碳。

▶ 主要國家的二氧化碳削減目標 〔圖2〕

《巴黎協定》中，規範了所有參加國的二氧化碳削減目標。

巴黎協定的目標

全球平均氣溫上升幅度與工業革命前相比，控制在2°C以下，並努力將升溫幅度減至1.5°C。

	2030年之前的碳排削減目標
● 日本	**−46%**（與2013年度相比）
中國	**單位 GDP 的−65%以上**（與2005年相比）
歐盟	**−55%以上**（與1990年相比）
印度	**單位 GDP 的−33～35%**（與2005年相比）
俄羅斯	**1990年排放量的70%**（−30%）
美國	**−50～52%**（與2005年相比）

2018年時，比2013年降低12%

2021年11月舉辦的COP26簽署的同意書《格拉斯哥氣候協定》中，載明不是控制在2°C，而是以降低至「1.5°C」為目標。

※出處：日本外務省官網「氣候變動 日本的排放量削減目標」

原來是這樣嗎?能源與世界各國　第3章

55 二氧化碳的排放額度可以用錢購買？

[環境]

原來如此！ 超過二氧化碳排放量上限時，
未超標的企業可以出售多餘配額的制度！

基於《巴黎協定》，日本揭示**在2030年以前，比2013年削減46%的碳排目標**（➡P145）。日本同時也規範出企業的二氧化碳排放量上限。那麼，若是難以達成上限規定時，該怎麼做呢？日本採取的對策是**排放權交易制度**。所謂排放權交易，是指藉由與國家或企業之間買賣溫室氣體排放量，以「成功達成」減少排放量的規定。排放權交易有2種方式。

限額與交易制度（cap and trade, CAT）是指交易排放上限（cap）與多餘配額。例如超出排放限額1000噸的企業，可以向成功減碳1000噸以上的企業購買多出額度的「碳權」，彌補超額排放〔**圖1**〕。日本方面，東京都已完全引進這個制度。

排放基準與溢額交易（baseline and credit）則是沒有排放量限額的一種交易。例如尚未進行減碳工作而排放6000噸的企業，在進行減碳而控制在4000噸碳排時，其他減碳未達目標的企業就可以購買這個差額的2000噸〔**圖2**〕。

2種二氧化碳排放交易

▶ 限額與交易制度〔圖1〕

超出一開始先決定的排放上限（限額），將多餘配額進行交易的方式。

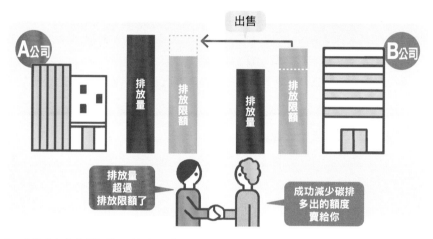

▶ 排放基準與溢額交易〔圖2〕

尚未進行減少碳排（排放量預估）與實際減少碳排（排放量）相比，差距（溢額）部分可以出售給未能削減的企業的方式。

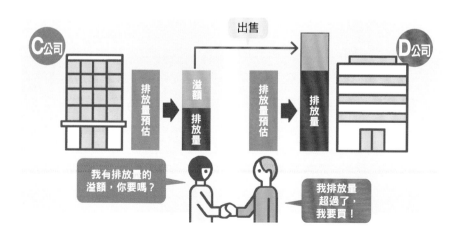

56 [知識] 電動車會成為全球主流嗎？什麼時候？

原來如此！ 2030年以後，電動車可能成為主流！

　　現在偶爾會在街上看到電動車的充電站，但大概何時會成為主流呢？近年來由於人們致力於減碳，**以EV（電動車）取代使用化石燃料的汽車的趨勢正在加速中**〔**右圖**〕。

　　尤其是**歐洲各國的腳步更加快速**，英國政府宣布將在2030年前禁止銷售柴油和汽油等燃油汽車，而法國政府則是預計在2040年前禁止銷售。

　　中國政府則是宣布1年生產或進口銷售3萬輛以上轎車的企業，其中必須有一定比率是EV或PHEV（插電式混合動力車／Plug-in Hybrid Electric Vehicle）、FCV（燃料電池車／Fuel Cell Vehicle）的「**NEV（新能源車）規範**」。美國加州是規定在加州銷售一定車輛的汽車廠商，其中必須有一定比率是EV或PHEV。另外，印度則是宣布2030年以前所有銷售車輛都必須EV化的方針。

　　日本方面也預定在2035年以後，無法再購買柴油及汽油車的方針。可以預料未來氫氣車亦將普及化。

以電力或氫氣運轉的汽車更環保

▶ 比較汽車的二氧化碳排放量

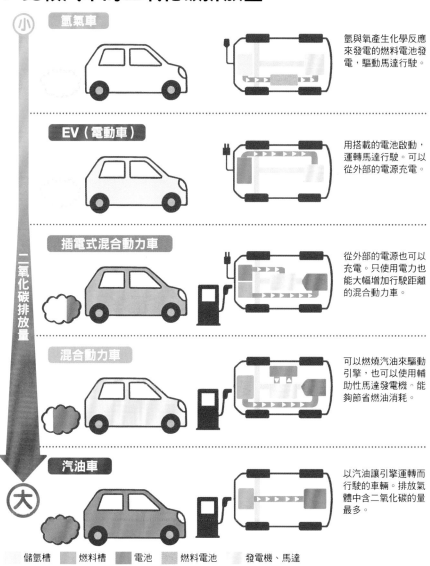

小

二氧化碳排放量

氫氣車

氫與氧產生化學反應來發電的燃料電池發電，驅動馬達行駛。

EV（電動車）

用搭載的電池啟動，運轉馬達行駛。可以從外部的電源充電。

插電式混合動力車

從外部的電源也可以充電。只使用電力也能大幅增加行駛距離的混合動力車。

混合動力車

可以燃燒汽油來驅動引擎，也可以使用輔助性馬達發電機。能夠節省燃油消耗。

汽油車

以汽油讓引擎運轉而行駛的車輛。排放氣體中含二氧化碳的量最多。

大

儲氫槽　　燃料槽　　電池　　燃料電池　　發電機、馬達

引擎、內燃機

57 二氧化碳回收利用？何謂「碳循環」

[環境]

原來如此！ 將排放的二氧化碳轉化成碳化合物，
以各種不同形式進行再利用！

日本在電力方面十分依賴火力發電，因此，突然要減少化石燃料的使用量，並不是件容易的事。目前正在進行的研究，**是把排放的二氧化碳作為「資源」**，轉化為各種不同的碳化合物回收再利用的「**碳循環**」。

例如，目前正在開發**將取出的二氧化碳和氫結合，作為觸媒而製造出聚胺酯或塑膠等技術**。只要以再生能源製造出用來結合的氫（➡P152），就能更加環保〔**右圖**上〕。

另外，**使用能吸收二氧化碳的混凝土**以取代製造過程中會排放二氧化碳的水泥，或是**把透過光合作用吸收二氧化碳的藻類作為生質燃料**等技術也正進行研發當中〔**右圖**下〕。

日本的這些技術都是世界頂尖的。因此日本政府把碳循環視為實現碳中和社會的關鍵。為了協助企業研究開發，更設置了「**綠色創新基金**」的支援制度。

製作以二氧化碳當作原料的產品

▶ 碳循環的例子

來看看在碳循環的例子當中，正在開發中的方法。

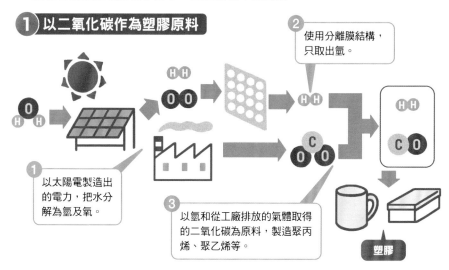

① 以二氧化碳作為塑膠原料

② 使用分離膜結構，只取出氫。

① 以太陽電製造出的電力，把水分解為氫及氧。

③ 以氫和從工廠排放的氣體取得的二氧化碳為原料，製造聚丙烯、聚乙烯等。

塑膠

---

② 混合二氧化碳，形成混凝土

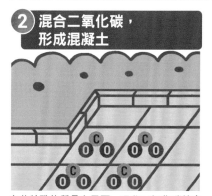

有些特殊物質具有只要一吸收二氧化碳就會變硬的特性。因此可以將這類物質吸收廢氣中的二氧化碳製成混凝土。

③ 以二氧化碳為營養素的藻類可作為燃料

從以二氧化碳為養分的微細藻類抽出油脂，和從使用過的食用油當中製造生質燃料。目前已運用於飛機、公車、船隻的燃料。

什麼是氫能？不會排出二氧化碳？

原來如此！ 讓氫和氧結合、燃燒以製成的綠色能源！

氫是地球上最輕的氣體，重量只有空氣的14分之1。元素符號雖然是H，但氫氣則是氫分子（H_2）的形態。

氫會和地球上的其他各種元素結合，在我們的**日常生活中幾乎無所不在**。尤其是形成地球上豐沛的水（H_2O），使用電能來電解水，能夠**形成氫氣**。類似這樣從各種能量資源製造的氫，除了發電，也能運用在汽車燃料等廣泛的領域。

最具代表性的利用方式，是透過氫（H）和氧（O）結合來發電的「**燃料電池**」。當氫和氧結合，只會排出水（H_2O），而**不會排出二氧化碳**〔**圖1**〕。而且，即使燃燒氫氣轉化成熱能也不會有碳排問題，所以可以說是非常環保的綠能。

此外，**目前已確定使用再生能源發電時產生的電來電解水，形成氫氣的方法**〔**圖2**〕。若是能夠增設以再生能源生成氫的設備，可望能提高日本能源的自給率。

▶ 燃料電池的結構〔圖1〕

燃料電池主要用於氫氣自動車的動力來源。

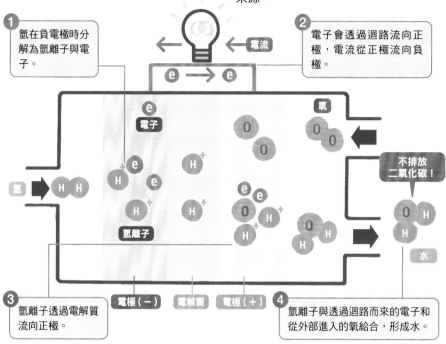

1 氫在負電極時分解為氫離子與電子。

2 電子會透過迴路流向正極，電流從正極流向負極。

電流

電子

氧

不排放二氧化碳！

氫離子

水

電極(－) 電解質 電極(＋)

3 氫離子透過電解質流向正極。

4 氫離子與透過迴路而來的電子和從外部進入的氧給合，形成水。

▶ 從再生能源形成的氫〔圖2〕

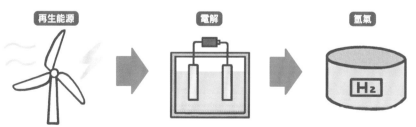

再生能源　　　電解　　　氫氣

H₂

利用太陽光、風力等再生能源發電，利用電分解水形成氫。完成不使用化石燃料，不會製造二氧化碳的發電循環。

59
[電]

能自由自在地轉換？
氫的性質與運輸

> **原來如此！** **體積大**的氣體難以運送，
> 氫氣**加工成液體或固體**再運送！

氫是環保且蘊藏豐富的能源，但要作為能量運用，體積大且不容易運輸是較棘手的問題。比方說，**要製造同樣的能量時，需要的氫氣體積是天然氣的3倍**。因此，運送時必須下工夫縮小氫氣的體積。

例如透過高壓壓縮後的**壓縮氫氣**，是使用專用拖車來搬運，用於燃料電池車（FCV）的燃料槽。

冷卻到－253℃化為液體之**液態氫**，體積大約可壓縮到氣態時的800分之1。液態氫使用液態氫運輸船來運送，用於火箭燃料等用途。

其他還有使用鋁、鈦等容易和氫反應的金屬混合成合金（儲氫合金）來吸收氫氣，使用時再取出氫氣等方式〔**右圖**〕。

日本目前**從製造液態氫的澳洲以液態氫運輸船進口**，進行全球首度的計畫。澳洲的褐煤（➡P40）量多便宜，但是水分與雜質過多，不利於作為煤供應發電。這個計畫便是打算從褐煤中提煉氫氣，澳洲豐裕的資源加上日本氫氣的高度技術，可望讓氫氣成為更有利的能量來源。

▶ 氫的運輸方式與用途

壓縮氫氣

壓縮成約200分之1的體積

用途 用於燃料電池車等。

運送方式

施加壓力成為「壓縮氫氣」，減少氣體形態的體積。

專用拖車或管線來運輸。

液態氫氣

壓縮成約800分之1的體積

H₂

用途 用於火箭燃料等。

運送方式

冷卻到−253℃左右，和甲苯產生反應而轉化為液態。

使用氫氣運輸船或油罐車運送。

儲氫合金

固定為金屬狀態

用途 用於電池、貯藏或蓄電系統。

運送方式

氫和鎂、鈦等金屬化學合成，製成「儲氫合金」。

以專用卡車運送。

Q 哪個加上顏色名稱的氫並不存在？

藍氫 or 紅氫 or 綠氫

氫會被加上顏色的名稱來加以區分。氫氣本身是無色的透明氣體，之所以會加上顏色名稱來稱呼，是為了更容易了解氫氣製造來源的差異。那麼，其中不存在哪個顏色的氫呢？

氫氣因為分子結構中並不含碳，所以被認為是十分有潛力的環保能源。由於氫氣不存在自然界中，為了**獲得氫氣在製造或轉換製程時仍會衍生碳排**，因此，為了更容易了解在製造過程中排放多少二氧化碳，會使用顏色作為名稱，以識別排放量的多少。顏色區分的方式有很多，這裡先介紹其中一個例子。

灰氫是以天然氣等化石燃料製造的氫氣。由於必須燃燒化石燃料，所以會排放許多二氧化碳。目前的**加氫站幾乎都是灰氫**。也有以煤（尤其是褐煤）作為原料的灰氫，稱為褐氫。雖然藍氫也是從化石燃料取得的氫氣，但排放的二氧化碳可以使用特殊技術回收。

藍綠氫是透過甲烷取得，產生的二氧化碳是固體碳，不會散發到空氣中。紫氫是用核能發電的電力來分解水而製成的氫。白氫是煉製鐵、燒鹼（氫氧化鈉）、石油等其他產品時的副產品。

綠氫是為了達到零碳排社會最被看好的氫氣，由於能透過再生能源電力來製造，所以不會在製造過程中排放二氧化碳。

因此，不存在的是「紅氫」。期望今後能夠盡可能增加更環保的綠氫。

氫的種類

●灰氫	燃燒化石燃料製成。
●褐氫	燃燒煤，尤其是褐煤製成。
●藍氫	燃燒化石燃料製成，但可以回收二氧化碳。
◐藍綠氫	從甲烷形成，產生的二氧化碳是固體碳。
●紫氫	透過核能發電的電力，電解水而製成。
○白氫	製造鐵或石油時的副產物。
◑綠氫	透過再生能源電力來電解水而製成。

多
二氧化碳排放量
少

60 哪個國家的再生能源有進展？

[世界]

原來如此！

南美的巴拉圭100%仰賴水力發電。
中國正加速能源轉換！

多數國家都在煩惱難以拋開對化石燃料的依賴。那麼，是否有哪個國家推動再生能源有良好成效呢？

位於南美的巴拉圭，境內有一條巴拉那河，巴拉圭與巴西共同興建的**伊泰普水力發電廠**，是一座發電量排名全球第3的水力發電廠。因此，1985～2016年間，每年都可以生產超過國內消耗電量300%的再生能源。**巴拉圭全國的電力，竟然可以100%仰賴水力發電**（統計至2019年為止）。

另外，以新增再生能源電量的增加率（2020年）來看，**中國的新增再生能源電量比前一年增加110%而居冠**，第2名則是美國，增加了79.3%。尤其是中國，占了全球新增再生能源的52%，加上美國的11%，等於中美兩國占了全球約6成〔 **圖1** 〕。

再生能源的發電量增加，就不需要再依賴化石燃料，如此一來，產油國的影響力便會減弱，以往的外交力量平衡便會瓦解，**擁有再生能源與技術能力的國家影響力也可能因而增強**〔 **圖2** 〕。

▶再生能源容量的新增率〔圖1〕

根據國際再生能源總署（IRENA）統計，新增的再生能源電量，中國就占了 52%。

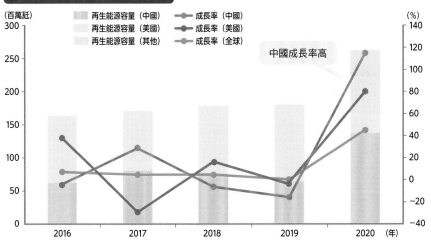

新增再生能源電量及成長率

圖例：
再生能源容量（中國）／成長率（中國）
再生能源容量（美國）／成長率（美國）
再生能源容量（其他）／成長率（全球）

（百萬瓩）縱軸：0、50、100、150、200、250、300
（%）縱軸：-40、-20、0、20、40、60、80、100、120、140
橫軸年份：2016、2017、2018、2019、2020（年）

中國成長率高

中國政府公布要將風力與太陽能發電裝置的容量，從2020年的5億3,000萬kW，在2030年以前提升到12億kW以上的目標。

※出處：日本貿易振興機構「市場訊息（biznews）」

▶外交策略的 國力關係〔圖2〕

當國內自行可生產的再生能源成為供電主流，就不必再依賴從海外進口資源。結果而言原本以資源作為外交武器的國家力量，就可能相對減弱。

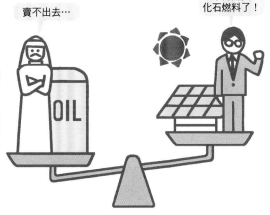

賣不出去…

不再需要化石燃料了！

OIL

159

原來是這樣嗎？能源與世界各國　第3章

61

[資源]

日本有沉睡中的能源？

原來如此! 日本海洋面積全球排名第6。
海洋資源蘊藏極大的可能性！

日本多數資源都依賴進口，但或許也有機會躋身資源大國。因為**日本海域**（領海、排他經濟水域）的面積在**全球排名第6**，因此能採取新的發電方式，也有機會蘊藏著巨大能源，而且這些能源因為環保而受到注目。

海洋所採行的發電方式，有**離岸風力發電**（➡P100）、**波浪發電**、**潮汐發電**（➡P108）等，這些發電方式日本都還在研究、開發階段，但特別是離岸風力發電前景十分看好，各地建設計畫都在進行當中。

另外，各界也都十分看好能從海洋獲取的能源，例如日本四周較深的海域目前已確知可能蘊藏豐富的石油、天然氣、**甲烷水合物**（➡P130）〔**右圖**〕。從甲烷水合物可以取得和天然氣相同的氣體，而且燃燒時的碳排量比石油、煤少了3成左右。沉睡在日本海底的甲烷水合物量，應該**足以取代日本人使用天然氣100年的分量**。由於蘊藏在深海底層，開採需要全新的技術，因此甲烷水合物的研究仍在進行當中。

▶甲烷水合物的蘊藏預測

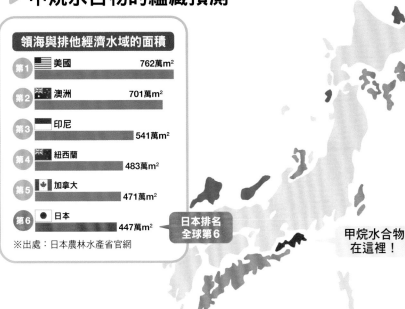

領海與排他經濟水域的面積

排名	國家	面積
第1	美國	762萬m²
第2	澳洲	701萬m²
第3	印尼	541萬m²
第4	紐西蘭	483萬m²
第5	加拿大	471萬m²
第6	日本	447萬m²

日本排名全球第6

※出處：日本農林水產省官網

甲烷水合物在這裡！

海底地質調查的結果，日本的領海、排他經濟海域方面，如右圖所見的區域估算應當蘊藏了甲烷水合物。

※出處：MH21-S
研究開發聯盟
／2009

■ 根據詳細調查，凝集體存在於一部分的海域
■ 顯示具凝集體特徵存在於一部分的海域
■ 未顯示具凝集體特徵
■ 調查資訊極少

「領海」與「排他經濟水域」

從海岸到12海浬（約22公里）範圍的區域屬於「領海」，沿海國享有領海主權；鄰接領海外側到200海浬（約370公里）範圍的區域屬於「排他經濟水域（專屬經濟海域／EEZ）」。沿海國具有探勘與開發天然資源的權利，以及有關海洋科學調查的管轄權。

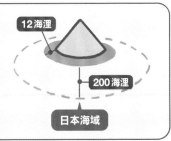

12海浬

200海浬

日本海域

原來是這樣嗎？能源與世界各國　第3章

深海中的電流！
「深海發電」有可能嗎？

最新
研究
報告
4

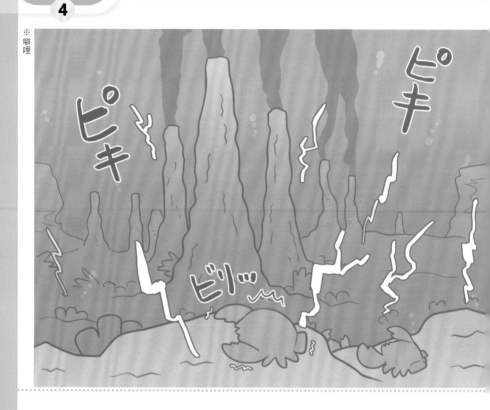

　　深海對於人類過去而言屬於未知領域。不過，歷經長年累月的調查，海洋的樣貌漸漸明朗。其中一個是「深海熱水噴出區域」。**深海中有噴發滾燙熱水的洞穴（海底熱泉）聚集的區域，而周邊則有電流**。之所以能發現，是因為從深海獲取到了硫化礦。

　　海底熱泉噴出區域中，是因為位於海底地層下的水被加熱，形成熱水噴出。噴出的熱水中含有像硫化氫般容易釋放出電子的物質，

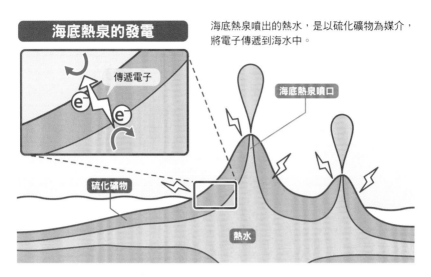

海底熱泉的發電

海底熱泉噴出的熱水，是以硫化礦物為媒介，將電子傳遞到海水中。

傳遞電子

海底熱泉噴口

硫化礦物

熱水

以及鐵、銅、鋅等金屬，並含有甲烷、氫等氣體。當熱水從海底噴出又急遽冷卻，便形成硫化礦物。回收這些硫化礦物再分析後的結果，發現**從噴出的熱水，透過硫化礦物，能把電子傳遞到海水中**。換句話說，可以得知有電流流通。

話雖這麼說，究竟要如何活用這麼深的海底裡的電力呢？雖然「深海發電」很困難，但專家現在正進行研究**是否能為調查海底的無人偵察機充電**。若是能在海底設置充電站，就不必每次返回海上的母船充電，可以節省許多時間。

一般也認為海底熱泉很有可能是地球生命誕生的起源。光是目前發現的海底熱泉**全世界已有超過500處以上**，若是這項研究能繼續進展，或許有可能解開生命之謎。

62 擺脫石油正在加速？
[世界] 石油生產國的能源對策

原來如此！ 中東各國也並非完全依賴石油。
從氫氣及氨找出生路！

近年來全球都致力於降低碳排，努力以再生能源取代傳統能源，對石油的依賴逐漸降低。因此，原本**仰賴輸出石油為一國經濟命脈的產油國，也相繼投入能源轉型的努力**。以下就看看日本主要進口的2個產油國狀況。

例如**沙烏地阿拉伯**在2016年為了削減二氧化碳排放量，提出**將再生能源比率提高到50％**的目標。沙烏地阿拉伯因為擁有日照充足、國土廣闊的沙漠地帶，非常適合**太陽能發電**。另外，也正在研擬**使用再生能源製造氨及氫氣，透過管線輸出到歐洲的計畫**〔**右圖**〕。

此外，**阿拉伯聯合大公國（UAE）**也搭上零碳排的潮流，設定在**2030年以前削減溫室氣體23.5％**的目標。並且推動2050年以前國內發電的50％以綠電取代，碳排削減70％的**能源組合**（energy mix）〔**右圖**下〕。此外，也和沙烏地阿拉伯一樣，正推動以再生能源形成氫氣或氨成為新輸出資源命脈的計畫。

▶ 沙烏地阿拉伯的計畫

沙烏地阿拉伯正在推動使用再生能源來製造氨。氨是燃燒也不會排放二氧化碳的燃料。

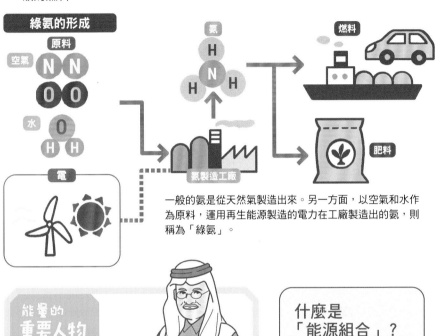

綠氨的形成

一般的氨是從天然氣製造出來。另一方面，以空氣和水作為原料，運用再生能源製造的電力在工廠製造出的氨，則稱為「綠氨」。

能量的重要人物

沙烏地阿拉伯能源部長 阿卜杜拉齊茲
（1960年～）

沙烏地阿拉伯現任國王的3個兒子之一。也是該國首位王族背景的能源部長。在為了守護產油國自身的利益而成立的石油輸出國組織（OPEC）中，他所提出的以沙烏地阿拉伯為主軸的能源政策，對全球經濟造成莫人的影響。

什麼是「能源組合」？

火力發電、核能發電、再生能源等發電方式各有優缺點。各國考量自身條件及需求，搭配出最適當的組合，讓各個不同的發電特性發揮最大效用。藉由推動能源組合，除了得到穩定的能源供應，同時也帶來穩定的電價及安全的環境。

63

[發電]

發電廠今後將
如何發展？

原來如此！ 小型發電廠透過網路聯結，
成為供應各地所需電力的系統！

我們都仰賴電力公司大型的發電設備供應多數的電力。這個稱為「**集中式能源系統**」〔**右圖**上〕。若是要轉換為再生能源，就必須改變這個系統才行，那麼該怎麼做才好呢？

事實上，也有把集中式改為分散式的想法。「**分散式能源系統**」就是在需要能源的區域周圍，分散設置小型的發電設施（分散電源），透過IT或蓄電池（➡P192）運轉來管理的系統〔**右圖**下〕。小型發電包括**太陽能發電、風力發電、小水力發電、生質能發電、地熱發電，以及燃料電池**等。

分散式能源系統之所以受到注目，背景因素之一是311大地震。地震發生後，日本政府要求全國的核能電廠停止運轉，結果電力不足甚至必須施行計畫性停電，從而**意識到依賴大型發電設備的風險**。另外，再生能源的成本下降，分散式電源擴及全國，自動調節電力供需平衡的技術有長足發展是另外一個理由。今後將透過集中式與分散式的相輔相成，讓電力供需達到最適宜的成果。

將小型發電廠設置在各地

▶2種能源系統

集中式能源系統

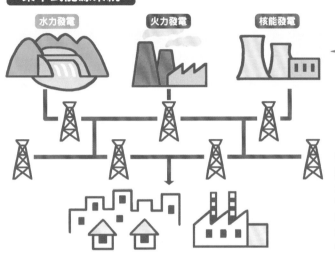

水力發電　火力發電　核能發電

電力集中在大型發電廠！

電力公司的大型發電設備，供應多數的電力。因此，當某個發電設備因為意外或災害停止運轉時，供應地區就會產生大規模停電。

分散式能源系統

太陽能發電　風力發電　小水力發電

電力分散，以IT管理！

生質能發電　地熱發電　燃料電池

在供應電力的區域，就近設置太陽能發電、風力發電、小水力發電等設施或燃料電池，分散設置，所以能分散風險。

Q 太空船的電力是由什麼能源供應？

| 汽油 | or | 生質能 | or | 氫氣 |

在真空狀態的浩瀚宇宙中飛行的太空船，一旦飛離地球，即使遇到「電力不夠！」也不可能返回地球不是嗎？這種時候，太空船的電力來源，究竟是什麼呢？我們就以太空梭為例來看看吧？

太空梭的全長達50公尺以上，大約和150個座位的客機相同大小。究竟飛到75公尺以上高空的飛機，或是大型船隻等交通工具的電力，是由什麼能源供應呢？

首先是在大海航行的船隻，小型船是以汽油作為燃料，大型船隻則是以成本比汽油低的重油作為燃料，使用柴油引擎。另外，大型

船隻的船內所需的電力，則是以船內的**發電機組（柴油發電機）**來供應。

接著來看飛機。飛機的機翼下如同大砲般的圓形結構就是引擎。而驅動引擎的動力來源則是輕油。飛行途中機內必須使用各種不同電力，這些電力都是**運用引擎的旋轉**製造的。此外，依飛機型式的不同，有些也會搭載緊急用的發電機，以防發電機故障。

那麼，**太空梭**又是如何呢？事實上，太空梭是**利用氫與氧合成發生的化學反應，從而產生動力**。也就是**燃料電池**（➡P152）。氫與氧發生化學反應，形成電力的同時，還會還原成水，這些水也可以當作飲用水，用不完多餘的水則排出太空船外。

因此，正確答案是「氫氣」與氧氣。順便一提，目前NASA也正在進行使用生質能的生質燃料太空飛行計畫。

太空梭的結構

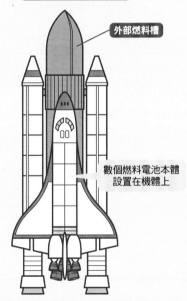

外部燃料槽

數個燃料電池本體
設置在機體上

燃料電池的燃料，儲存在外部燃料槽
當中。

原來是這樣嗎？能源與世界各國　**第3章**

巧妙運用能源的
「智慧家庭」是什麼？

原來如此！ 運用IT技術及太陽能發電，
打造最高能源效率的家庭住宅！

　　AI自動為住家調整電力的使用量，既節省電費又環保。像這樣高能源效率的住宅就稱為「**智慧家庭**」。所謂的智慧家庭，是指**運用IT技術，設計出最適合的能源消費量及二氧化碳排放量的次世代住宅**。運用太陽能發電及蓄電池（➡P192）因應家庭所需的電力，並可監控能源使用量，IT系統也會調節能源最恰當的使用方式〔**右圖**〕。這樣的系統，稱為**HEMS（家庭能源管理系統／Home Energy Management System）**。

　　居住在智慧家庭，**餘電還可以賣給電力公司**。同時，**省下的電力也可以儲存下來備用**，當遇到天災意外等情況時，即使停電也有備用電力可用，居家更安心。

　　當智慧家庭擴大範圍到整個城市時，則稱為「**智慧城市**」。所謂的智慧城市，就是利用AI（人工智能）等尖端技術，解決交通阻塞或電力不足等**形形色色的都會問題，提高能源效率的城市**。因應交通量來調節路燈開關或公共自行車等實用性措施都不斷在增加當中。

透過IT技術將能源效率最佳化

▶ 智慧家庭案例

監控器
透過HEMS的監控，能夠確認家中的電力使用狀況。

太陽能板
使用太陽能板來發電。

HEMS智慧電盤
透過HEMS智慧電盤，可以將電力輸送到蓄電池。

家用蓄電池
使用家用蓄電池，能夠為EV（電動車）充電。

智慧電錶
電子式的電度錶（智慧電錶）測量用電量。餘電可以賣給電力公司。

APP
利用智慧型手機，即使不在家中也可以操作或確認家用電器的狀況。

若是利用颱風的風力

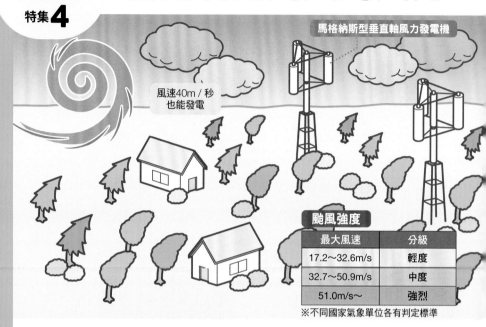

馬格納斯型垂直軸風力發電機

風速40m／秒
也能發電

颱風強度

最大風速	分級
17.2～32.6m/s	輕度
32.7～50.9m/s	中度
51.0m/s～	強烈

※不同國家氣象單位各有判定標準

　　近年由於氣候變遷的影響，颱風漸趨大型化。如果運用強颱的風力，讓風力發電機的扇葉高速旋轉，或許能發出相當多的電力？

　　但說起來容易，實際要執行卻沒這麼簡單。**現有的風力發電機，為了安全起見，大約在風速25m/s左右就會停止發電**。因此，即使颱風來臨，吹拂25m/s以上的強風，也無法發電。

　　人們現在正研究開發能夠耐強風的風力發電設備，那就是沒有扇葉的「**馬格納斯型垂直軸風力發電機**」。這個風力發電裝置，是利用物體在空氣中邊旋轉邊前進時，會產生與前進方向呈垂直的作用力之「**馬格納斯效應**（Magnus effect）」。馬格納斯效應是德國物理學家海因里希·馬格納斯（Heinrich Magnus）發現的物理現象。以棒球為例，投手讓球旋轉而產生弧度的曲球就是運用馬格納斯效應。

來發電會怎麼樣？

馬格納斯效應的原理 　與風向呈垂直作用力的「馬格納斯力」。

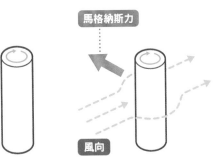

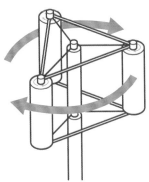

1 利用電力讓設置在風車上的圓筒迴轉。

2 圓筒受風時與迎風面產生垂直方向的馬格納斯力。

3 受到馬格納斯力帶動圓筒迴轉，從而讓風車運轉。

這個馬格納斯型垂直軸風力發電機，是利用馬格納斯效應，讓設置在風車上的圓筒受到馬格納斯力而帶動風車運轉。

這類型的發電機，**在風速40m/s的情況下仍可以進行發電，甚至能承受風速高達70m/s的超強風**。因此，**在一定規模的颱風下，能夠利用颱風能源來發電**。

但是，**現階段的發電能力仍然過低**，只能支援一般風力發電機。若是開發有所進展，能提高發電效率的話，或許就能藉助颱風製造出龐大的電力。

首次讓反應爐運轉成功的
恩里科・費米
（1901－1954）

　　恩里科・費米（Enrico Fermi）是義大利的物理學家，是全世界第一個製造反應爐的人物。他從十多歲時就熱衷研讀物理學的書籍，發揮解開困難幾何學問題的天賦。他於17歲時通過嚴格選拔而考上比薩高等師範學校，而後再度發揮他的天分。據說當時甚至有教授向他請教有關相對論的見解。他在畢業後赴海外留學、擔任講師的同時也進行研究，在統計力學領域上的名聲遠播全球。

　　過了25歲以後，他於羅馬大學任教邏輯物理學教授，完成粒子物理學理論，以及40多種人工放射性同位元素等成果。並且因為發現熱中子的特性，於1938年獲頒諾貝爾物理學獎。只不過當時的義大利由於法西斯政權，他擔心猶太人妻子遭到迫害，以出席諾貝爾頒獎典禮的名義與妻子一起出國，而後便流亡到美國。

　　在美國他潛心核分裂反應的研究，在芝加哥大學完成人類史上第一個核子反應爐「芝加哥反應堆1號（Chicago Pile-1）」，成功控制原子核分裂的連鎖反應。至此揭開核能時代的序幕。

第**4**章

明天就想找人聊的
能源話題

其實，我們生活周遭隱藏著許多
新能源及新利用方式的提示。
這一章所要介紹的，就是未來的
候補能源以及最新的能源技術。

肉食產業是溫室氣體的元凶？

原來如此！ 飼料進口、排泄物處理等，都會排放二氧化碳、甲烷！

我們平常的飲食，都和溫室氣體的排放有關。尤其食品當中排放最多溫室氣體的就是食用肉。

比方說，曾有人試算出**生產1公斤的牛肉，大約會排放70公斤的溫室氣體**。由於生產1公斤小麥所產生的溫室氣體大約2.5公斤，等於牛肉製造的溫室氣體是小麥的28倍〔**右圖**〕。再加上**生產食用肉需要許多飼料，並且有排泄物產生甲烷氣體**等問題。

那麼，以蔬食為主的生活，是否就能抑制溫室氣體的排放呢？研究報告顯示：不吃肉，以蔬菜、乳製品、雞蛋為主的飲食，**溫室氣體排放的量，1人每年平均最多可減少0.3噸**。

依照這些數據顯示，可以說吃肉確實會排放更多二氧化碳。不過，即使因此而吃素，若是為運送蔬菜而必須長距離運送，或是處理吃不完的剩菜而排放甲烷，就是本末倒置了。**不論是肉類或蔬菜，盡可能當地自產自銷**，或許才是最重要的。

▶ 不同食物所產生的溫室氣體排放量

下圖是全世界主要食品生產時，一年所排放的溫室氣體量，比較動、植物的圖表。

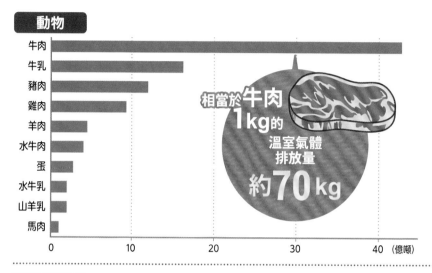

動物

相當於**牛肉** **1kg**的溫室氣體排放量 約**70** kg

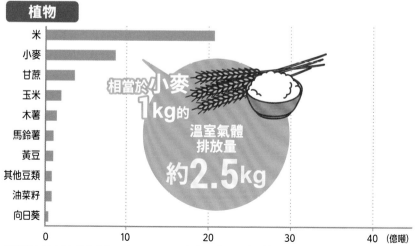

植物

相當於**小麥** **1kg**的溫室氣體排放量 約**2.5** kg

※出處：Atul Jain其他「Greenhouse gas emissions from animal-based foods are twice those of plant-based foods」

66 吃昆蟲救地球？

原來如此！ 飼育昆蟲的過程中，
不需砍伐森林，所以更環保！

或許有人很難想像把昆蟲當作食物。不過其實在東南亞或非洲食用昆蟲十分普遍，在日本的某些地區也會食用蝗蟲或蜜蜂的幼蟲。事實上，將昆蟲作為食物來源的「**食用昆蟲**」思維，從能源問題觀點來看也十分受到重視。這是為什麼呢？

首先，飼育昆蟲時，不需要像農場或農地般的廣大土地。因此也就**不需要重新砍伐森林**。而且，如果只吃國內棲息的昆蟲，就不需要特地進口飼料，加工也不需要特別的設備。**昆蟲的溫室氣體排放量，估算可以控制在畜養家畜（ ➡P176）的數十分之一甚至數百分之一**〔 **右圖** 〕。昆蟲的**數量多、繁殖快**也是一大優點。另外，昆蟲有豐富的蛋白質、維他命及礦物質，可說是**潛力十足的健康食品**。

作為避免肉類、穀物不足的「蛋白質危機」，或是整體食物來源不足的「糧食危機」政策，聯合國也十分樂見食用昆蟲的推廣。現在**日本已經可以買到使用蟋蟀製成的餅乾**，歐洲吃昆蟲的觀念也開始逐漸普及。

食用昆蟲好處多多

▶ 食用昆蟲與肉類的比較

成長速度快

 蟋蟀

 牛

占地

不需砍伐森林

使用飼育用的箱子來飼養，不需要廣闊的腹地。

為了飼育牛，需要寬廣的牧草地或是大型牛舍。

飼料

周遭環境有大量植物

只需摘下蔬菜的一部分或草類餵食，不需要特地輸送到外地。

若是國內飼料的原料供不應求，就需要從國外進口。

溫室氣體

昆蟲體重合計增加1kg時

牛肉的 $\frac{1}{1780}$ **1.6g**

體重增加1kg所排放的溫室氣體，和牛肉相比極微。

單一牛隻體重合計增加1kg時

2,850g

從飼育到送至市面販售的過程中，排放大量的溫室氣體。

Q 以下哪一個選項無法成為燃料？

小麥 or 稻米 or 茶葉 or 以上都可供作燃料

除了電、汽油以外，我們還使用其他各式各樣的燃料。近年來，玉米、甘蔗也作為燃料使用。那麼，同樣屬於穀類的小麥、稻米，或是日本人平時喝的茶葉等，也都能作為燃料使用嗎？

　　以穀物等的生物體（生物質／biomass）作為原料的燃料，稱為**「生質燃料」**（➡P110）。這些生質燃料的生產大國目前有美國及巴西。**美國大量生產玉米，巴西則是大量生產甘蔗**等穀物作為生質燃料。因為這些穀物不僅可以當作食材，也可以作為調味料的材料、飼料，甚至燃料。

和玉米一起名列世界三大穀物的**小麥及稻米，目前也正進行生質燃料的研究**。日本則是從2021年起開始生產生質燃料。

　　一提到日本就會想到茶，那麼茶葉也可以作為生質燃料嗎？事實上，**茶喝完後留下的茶渣，也可以作為生質燃料使用**。因為生質燃料以植物的糖、澱粉等製成，基本上**任何植物都能作為生質燃料使用**。小麥、稻米、茶葉以外，黃豆等也都正在進行開發。因此正確答案是「以上都可供作燃料」。

　　不久的未來，或許將有更多形形色色的燃料問世呢！

作為生質燃料的農作物例子

以下的農作物，實際上都能作為生質燃料使用。

米　　　小麥　　　黃豆

茶渣　　馬鈴薯　　香蕉

67 穀物成為燃料？
[資源] 什麼是「生質酒精」

原來如此！ 生質酒精是以**生物質為原料**的燃料，
玉米尤其大受青睞！

生質酒精是透過將玉米或甘蔗、木柴廢料等**生質能**（➡P110）**以發酵、蒸餾的方式取得酒精**。也許有人會懷疑酒是否能當燃料，但其實在交通運輸方面，也可以混合汽油使用，成為燃料。由於生質酒精的原料是植物，所以能進行光合作用吸收二氧化碳。因此，**燃燒生質酒精所產生的二氧化碳，等於和自然界相互抵銷**〔**圖1**〕。

另一方面，製造或搬運生質酒精時，利用的是化石燃料等能源。因此，也有人認為，以嚴格的定義來看，生質酒精並非零碳排。

美國國內生產的玉米大約有4成是作為生質酒精運用，因此，也有人擔心**萬一生質酒精需求增加，也會導致原本作為食材或家畜飼料的玉米價格上揚**。

為了解決這個問題，目前正運用**基因工程技術**來增加產量，或是開發從過去不曾使用的**玉米鬚或玉米芯**來製造生質酒精的技術〔**圖2**〕。

▶零碳排的生質酒精〔圖1〕

植物經由光合作用吸收二氧化碳，因此燃燒生質酒精而產生的二氧化碳，被視作相互抵銷。

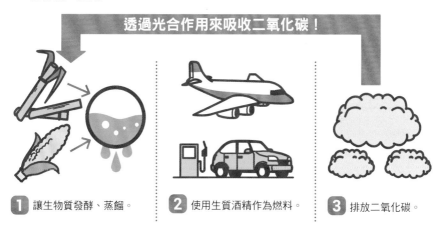

透過光合作用來吸收二氧化碳！

1 讓生物質發酵、蒸餾。

2 使用生質酒精作為燃料。

3 排放二氧化碳。

▶當生質酒精的需求增加時⋯⋯〔圖2〕

由於生質酒精的需求增加，玉米的需求也跟著增加。

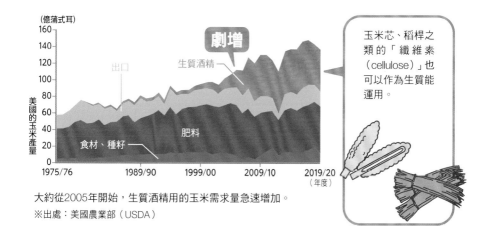

(億蒲式耳)

美國的玉米產量

出口
生質酒精
劇增
肥料
食材、種籽

1975/76　1989/90　1999/00　2009/10　2019/20
(年度)

玉米芯、稻桿之類的「纖維素（cellulose）」也可以作為生質能運用。

大約從2005年開始，生質酒精用的玉米需求量急速增加。

※出處：美國農業部（USDA）

68
[資源]

吃剩的食物可成為能源？「生質柴油燃料」

原來如此！

剩餘的**炸油**可作為**汽車燃料**。
也有靈活運用**廢油**、**豬骨湯**的企業！

　　不僅友善地球環境，也不白白浪費食物而製成燃料，**生質柴油燃料（Biodiesel）**正受到注目。生質柴油燃料，是**利用生質能（➡P110）等植物油提煉成的燃料**。不需要像生質酒精般必須透過發酵，而是在製造食品的過程中，用原本要丟掉的殘餘食材、廢油、廚餘等製造而成。

　　其中代表性的例子，就是使用炸日式天婦羅後的油製成生質柴油燃料。剛開始是**地方自治團體回收炸天婦羅的油後再加以運用**。例如回收家庭要丟棄的廢油，再利用為汽車燃料〔**圖1**〕。

　　也有一般企業致力於使用生質柴油燃料。例如愛知縣的某家塗料廠，為了**提升塗料性能而把生質柴油作為添加劑，靈活運用生質柴油燃料**。另外，也有企業將生質柴油用於公司建築的發電，或建設機械的燃料。

　　此外，福岡縣的某家運輸公司，則是從**豚骨拉麵的剩餘湯汁製作出生質柴油燃料**，當作自己公司卡車的燃料使用〔**圖2**〕。

184

地方政府或企業實施自行利用方式

▶生質柴油燃料的回收實例〔圖1〕

1 在回收站回收炸過天婦羅的廢油。

2 以民間的處理設備提煉後製成生質柴油燃料。

3 生質柴油燃料作為垃圾車的燃料使用。

吸收二氧化碳

6 從油菜籽或黃豆製造出天婦羅的炸油。

5 油菜籽或黃豆吸收二氧化碳，進行光合作用。

4 產生二氧化碳。

※出處：千葉市「生質柴油燃料利用實施事業」

▶企業自行利用的實例〔圖2〕

也有些企業把作業過程中沒用到、原本應該丟棄的生物質，用來製造生質柴油燃料。

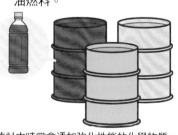

塗料中時常會添加強化性能的化學物質。生質柴油燃料就是作為添加劑來使用。

豚骨拉麵剩餘的湯汁，用來製造出生質柴油燃料，供應自家公司的卡車燃料。

69 將排泄物製成燃料的方法？

原來如此！ 正在進行把排泄物產生的**甲烷**，**作為燃料使用**的研究！

　　大小便是任何人都一定會有的排泄物，所以只要是有人居住的地方就一定會有。因此，若是能善加利用，就能獲取相當多的資源。

　　事實上，把人們的排泄物當作能源來利用，早就已經實現了。因為人們會利用細菌分解排泄物時產生的**甲烷氣體**。

　　流入下水道的物質（下水汙泥）約占8成是有機物。讓有機物發酵，就會產生甲烷氣體。除了**可直接以產生的氣體當作燃料，也可以燃燒氣體驅動發電機來發電**。此外，也可以把這時產生的熱能回收再利用。並且，還有將下水汙泥的有機物加熱並碳化，當作燃料來利用的方法〔**右圖**〕。在某些先進國家中，也有透過販售甲烷氣體獲利，因為經營汙水處理設施而成功的例子。

　　另一方面，有些發展中國家則致力於**利用甲烷氣體達到廁所普及的政策**。那就是在廁所設置特殊設備，讓排泄物發酵後抽取甲烷氣體，然後作為燃料供人們使用，再徵收使用費的機制。藉由這個營業所得，達到廁所普及的目的。

細菌分解生成甲烷氣體

▶ 利用排泄物作為能源的實例

只要有人居住的地方就一定會有的排泄物，也可以當作能源加以利用。

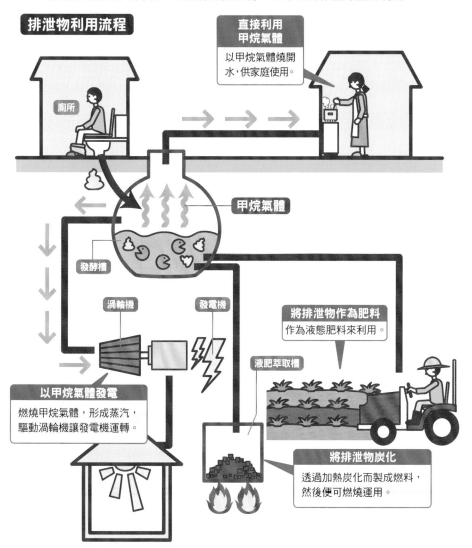

排泄物利用流程

廁所

直接利用甲烷氣體
以甲烷氣體燒開水，供家庭使用。

甲烷氣體

發酵槽

渦輪機　　發電機

將排泄物作為肥料
作為液態肥料來利用。

液肥萃取槽

以甲烷氣體發電
燃燒甲烷氣體，形成蒸汽，驅動渦輪機讓發電機運轉。

將排泄物炭化
透過加熱炭化而製成燃料，然後便可燃燒運用。

70 太陽能板有不同種類？

原來如此！ 依半導體素材不同而有不同種類，
嶄新素材的太陽能板問世！

走在住宅區中的街道，我們常可看到屋頂上設置太陽能板的房子。這些太陽能板都一樣嗎？

其實，太陽能板有許多不同的種類。說起來，太陽能板其實是以**吸收太陽光會產生電子（負電荷）與會產生電洞（正電荷）的半導體接合而成**〔 〕。所謂的半導體，顧名思義是導電能力介於導體與絕緣體之間的物體，當光投射到半導體太陽能板上，會產生電流。

而太陽能板依照半導體製作原料又可分為數個種類。目前的主流是以矽作為原料，分為純度高的「單晶矽」，與製造單晶矽時的副產品「多晶矽」等。

「**單晶矽太陽能板**」因為使用純度高的矽晶，所以比多晶矽**發電效率高，沒有日照時也比較能穩定製造電流**。目前單晶矽的全球占率約達88%（2020年）。另一方面，「多晶矽太陽能板」的發電效率則不如單晶矽好，但價格較為便宜。

近年用於人造衛星或太陽能賽車的**三五族半導體**，或鈣鈦礦等**有機半導體材料**，由於發電效率佳、輕量而受到注目〔 **圖2** 〕。

良好效率的新素材也大受注目

▶ 太陽能板的結構〔圖1〕

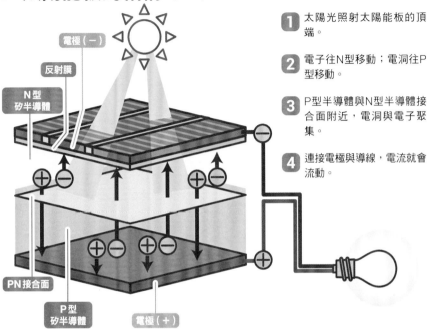

電極（－）
反射膜
N型矽半導體
PN接合面
P型矽半導體
電極（＋）

1 太陽光照射太陽能板的頂端。

2 電子往N型移動；電洞往P型移動。

3 P型半導體與N型半導體接合面附近，電洞與電子聚集。

4 連接電極與導線，電流就會流動。

▶ 新太陽能板的運用實例〔圖2〕

人們不斷開發使用矽以外原料的太陽能板。

三五族半導體

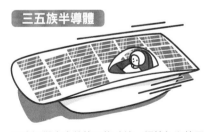

元素週期表中的第三族（鎵、銦等）和第五族（氮、磷等），形成的化合物稱三五族。用於太陽能賽車。

有機半導體

具有「鈣鈦礦」結晶構造的礦物作為半導體原料受到重視。正在研究如何用於智慧手機的無線充電等。

71 爲什麼LED可以節能 而且壽命更長？

[知識]

原來如此！ 由於**半導體**的作用，從**電能** **直接轉換成光**，所以沒有產生耗損！

　　現在有許多照明器具及信號燈等發光用具，多數都使用LED燈（發光二極體），但以往使用的傳統鎢絲燈，究竟和LED燈有什麼差異呢？

　　鎢絲燈泡是藉由加熱燈泡內的細小金屬燈絲，形成電磁波（可視光）來發亮的。這時鎢絲燈泡只有10%左右的電能會轉換成可視光線。但相對的，**LED燈則是透過半導體**（➡P188）**將40%～50% 左右的電能轉換成可視光**，因此消耗的電力較少，能達到節能效果〔**圖1**〕。

　　相對於鎢絲燈泡的壽命大約為1,000～2,000個鐘頭，**LED燈可 用4～6萬個鐘頭，使用壽命遠遠超過傳統燈泡**更是一大優勢。減少更換燈泡的次數，維護成本也大大降低。而且，LED燈即使**頻頻切換 開關也不影響使用壽命**，因此極為適合使用在需要感應、頻繁調節明亮或開開關關的用途〔**圖2**〕。

　　LED雖然在初期階段就開發出了紅色、黃色、綠色，但**藍色 LED燈**的開發卻遇到難關。直到日本人**赤崎勇**、**天野浩**、**中村修二**等人成功開發才進入量產（➡P210）。

LED也憑藉半導體大顯身手

▶鎢絲燈與LED燈〔圖1〕

鎢絲燈泡

燈絲

加熱燈絲產生電磁波（可視光）而能夠照明。只有約10%的電能轉換成可視光線。

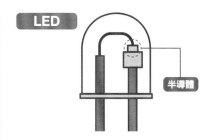

LED

半導體

半導體能直接把電能轉換成光能。大約有40～50%的電能轉換成可視光線。

LED燈是透過P型半導體與N型半導體的接合面，讓電子脫離的洞（電洞，＋）與電子（－）再次接合而發光。

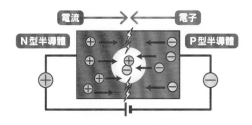

電流　　電子

N型半導體　　P型半導體

▶LED燈的優點〔圖2〕

LED燈具有多項優點而能迅速普及。

1 節能經濟

由於電能轉換率較高，所以比鎢絲燈泡更省電。

2 壽命更長

和鎢絲燈泡相比壽命更長。大約可照明4～6萬個小時。

3 容易調節光線

調光、關燈都不會縮短燈泡的壽命。因此能頻繁開關與調節。

明天就想找人聊的能源話題　第**4**章

72 「蓄電池」是什麼樣的東西？

[電]

原來如此！

儲存沒用到的電力，
在需要時派上用場的電池！

　　再生能源主力的太陽能發電或風力發電，因為受到日照及天候影響，發電量並不穩定（➡P112）。為了要讓發電量維持穩定，就需要「蓄電池」。使用蓄電池的話，**能在發電量充足時儲存多餘的電力，在發電量不足時放電**，讓電力供應更穩定〔**圖1**〕。而且，因為能夠循環反覆使用，所以在意外災害發生輸電困難時，能**供作緊急電力使用**。

　　蓄電池是**透過化學反應來充電**的結構，依照使用的金屬或電解液加以分類〔**圖2**〕。**鉛蓄電池**出現的最早，現在仍作為驅動引擎或高爾夫球車、露營車的電源使用。

　　鎳氫電池是以乾電池型的充電式電池為主流，能夠在家電的量販店、便利商店等地方購買得到。**鋰離子電池**則是用於充電、放電頻繁的筆記型電腦或智慧型手機的充電池而普及，由於使用壽命較長，所以也能用於電動車的充電瓶。**鈉硫電池**雖然充電達MW等級，但使用的材料硫（S）和鈉（Na）因為都被列為危險物品，在使用時必須特別小心。

讓電子往反方向移動再回到原狀態的結構

▶ 蓄電池結構〔圖1〕

蓄電池電流的流動基本上結構和普通電池相同（➡P58）。利用外部電力讓電流逆流就可以達到充電的目的。

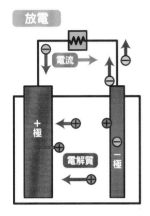

放電

電流

＋極 **－極** **電解質**

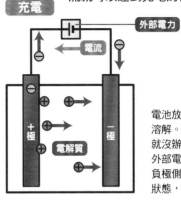

充電

外部電力

電流

＋極 **一極** **電解質**

電池放電時，負極側的金屬會溶解。如果是一般電池將很快就沒辦法使用。蓄電池則透過外部電力產生逆轉的反應，讓負極側的金屬回到放電以前的狀態，可供再次使用。

▶ 蓄電池的種類〔圖2〕

鉛蓄電池

驅動汽車引擎或高爾夫球車電源時使用。

原料 鉛、二氧化鉛、稀硫酸等

鎳氫電池

乾電池型的二次電池或露營車等蓄電池使用。

原料 儲氫合金、羥基氧化鎳、氫氧化鉀等

鋰離子電池

行動式機器或電動車等充電使用。

原料 碳素材料、含鋰金屬氧化物、有機電解液等

鈉硫電池

供作大型電力儲藏設備，未來可能更加普及。

原料 鈉、硫黃、β氧化鋁等

Q 水放入容器後搖一搖，溫度會有什麼變化？

| 上升 | or | 下降 | or | 不變 |

有時候我們會在飲料外包裝上看到「飲用前請搖一搖」。這是為了讓內容物均勻混合。那麼，搖一搖之後，究竟飲料的溫度會有什麼變化呢？

　　溫度變化和「熱」有關。要了解什麼是「熱」以前，必須先理解什麼是「分子」。所謂的分子，是擁有物質性質的最小單位。簡單來說**「構成物體」的最小單位**就是分子。例如水的化學式「H_2O」，這表示有2個H（氫原子），1個O（氧原子）構成水的分子。

此外，**所有的分子都是經常處在振動狀態，而這樣的振動，就是「熱」**。隨著振動的激烈程度，溫度會產生變化。也就是說，**當振動變得激烈，「溫度會上升」**。

那麼，當人們搖晃液體時，分子的振動變得激烈會使熱度升高嗎？曾經有人進行這樣的實驗。把水裝入水瓶，先測量溫度。接著激烈搖動水瓶，雖然有點辛苦，大概搖了1000次左右。搖完後打開瓶蓋，再次測量溫度。

實際進行這個實驗的結果，搖晃水瓶的次數愈多，水溫愈高。搖晃容器而產生的動能，因為分子振動而轉換成熱能。

因此，正確答案是「上升」。順便一提，微波爐其實也是利用這個原理為食物加熱。

分子振動的示意圖　分子緩慢振動　　分子快速振動

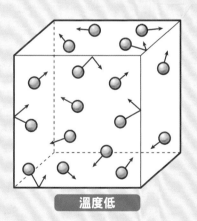

溫度低

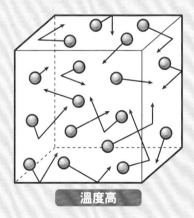

溫度高

73 「節能」是怎麼一回事？

原來如此！ 「節能」就是**有效率地使用能源**，節能家電也能**節省支出**！

「節能」是「節約能源」的簡稱，是指**盡可能避免浪費電力、瓦斯、汽油等能源，有效率地運用**。因為若是依照目前的狀況繼續下去，據說石油再過50年，煤則是再過100年就會消耗殆盡，因此節能已成為當務之急。政府當局也公告了日常生活中許多節能的點子〔**圖1**〕。

節能除了可以讓能源有效運用，也能節省成本。以日本的狀況舉例，家人之間入浴不要有間隔，就不必一再重複加熱洗澡水，一年可以省下38.2m³（度）的瓦斯，**省下6,000日圓的瓦斯費**。

此外，政府也重新修訂促進節能的制度，汽車、家電用品等節能技術也有所進展。比方說，日本從1999年制定並推動的「**Top Runner制度**」中，日常使用的家電中，要販售新產品時，**一定要推出比現行產品更節能的家電產品**。

節能效率高的產品，必須有「**節能標章**」清楚標示性能與一年使用的能源消耗量，因為有這樣的規範，在購買新產品時，不妨多加確認為佳〔**圖2**〕。

節能也能省荷包

▶ 和節能相關的實例〔圖1〕

不重複加熱

將重複加熱控制在最少次數。右表的數字是降溫4.5℃的熱水一天只加熱1次的狀況。

下一個人立刻接著洗

一年

瓦斯 **-38.2m³**

CO_2 **-85.7kg**

費用 **-6,190日圓**

調高冰箱溫度

把冰箱的溫度設定由「強」轉為「中」。右表的數字是周圍環境22℃的狀況。

強➡中

一年

電 **-61.72kwh**

CO_2 **-30.1kg**

費用 **-1,670日圓**

隨時蓋上電熱馬桶蓋

以水箱讓水保溫的溫水馬桶座，蓋上蓋子可以節能。不要讓蓋子開著，注意隨時蓋上。

蓋上蓋子

一年

電 **-34.9kwh**

CO_2 **-17kg**

費用 **-940日圓**

▶ 節能標章標示〔圖2〕

節能效率優異的冰箱、電熱馬桶、電視、電燈等家電用品上會張貼「節能標章」。

以1.0~5.0標示節能效率

標示1年期間大約消耗的能源費用

節能效率

★★★★☆ 4.1

標示節能標準的達成度

節能標準達成率 **129**%　傳統能源消耗率 **129.0** lm/W

商品1年期間(1天以使用5.5小時計)的電費預估

1,210 日圓

※出處：日本資源能源廳「節能入口網站」
（https://www.enecho.meti.go.jp/category/saving_and_new/saving/index.html）

74

[環境]

有減少二氧化碳排放的技術嗎？

原來如此！ 「直接空氣捕獲」及「BECCS」等，形形色色的技術正在開發！

全世界都正在為減少碳排努力，但要完全做到零碳排依然十分困難。因此，目前開發出了**「直接空氣捕獲（Direct air capture, DAC）」技術，直接從空氣中收集二氧化碳**，並且已在冰島等地運轉。DAC可以大致分為使用液體回收以及使用薄膜回收的方法。2種方式都是以風扇收集空氣並取出二氧化碳，最後封存在地底，或用於碳循環（➡P150）〔**圖1**〕。

另外一個方法，是**捕獲生質能製造過程中或燃燒時產生的二氧化碳，然後將其埋在地底深處的「生質能與碳捕獲和儲存」（Bioenergy with Carbon Capture and Storage, BECCS）**〔**圖2**〕。雖然生質能燃燒時產生的二氧化碳，原本就存在於空氣中，並不會增加（➡P110）。但藉著這樣的回收方式，可以削減空氣中的二氧化碳。日本目前實施生質能發電的三川發電廠（福岡縣大牟田市）已在進行實驗性運轉，歐美則已開始正式運轉。

透過這些方法和植林、碳循環技術（➡P150），樂見未來能夠有效削減溫室氣體。

結合各種不同科技

▶ 直接空氣捕獲技術的原理〔圖1〕

透過直接空氣捕獲技術（DAC）收集空氣中的二氧化碳，最後埋在地底下。

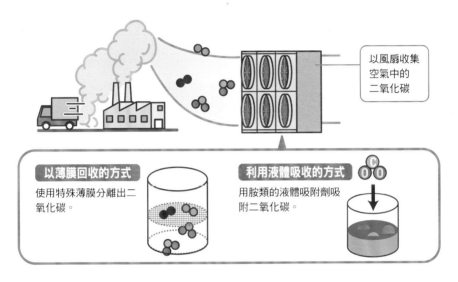

以風扇收集
空氣中的
二氧化碳

以薄膜回收的方式
使用特殊薄膜分離出二氧化碳。

利用液體吸收的方式
用胺類的液體吸附劑吸附二氧化碳。

▶ BECCS的原理〔圖2〕

回收燃燒生質能產生的二氧化碳，封存在地底深處。

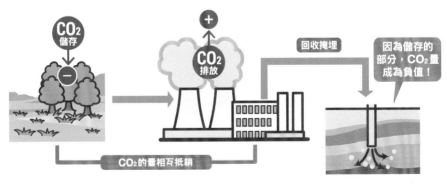

CO₂
儲存

CO₂
排放

回收掩埋

因為儲存的部分，CO₂量成為負值！

CO₂的量相互抵銷

進行光合作用的生物質，即使燃燒產生碳排，排出量也能相互抵銷。但透過BECCS回收二氧化碳、封存，就能從「零」轉為「負」。

75 在歐洲是主流？什麼是「熱」的再利用

[資源]

將**沒有利用**直接排放到空氣中的**熱**，
有效收集利用於**暖氣、溫水**！

　　發電廠製造電力時，也會同時製造出大量的熱能。但以現狀來看
這些熱能幾乎都沒有被利用，便成為「廢熱」而被丟棄。而利用這些
廢熱，以溫水或蒸汽的形式回收利用的結構，就稱為「**汽電共生**」
（Cogeneration）〔**右圖**〕。

　　透過汽電共生把收集到的熱能運用的實例，**是將收集的熱透過管
線供應給地區的「地區熱能供應系統」**。北歐的丹麥等寒帶國家，從
很久以前就採取這樣的做法。現在則是美國、加拿大、中國、韓國都
持續引進。尤其是寒冷的地區，與其在建築物個別設置暖氣或熱水
器，不如在整個區域建置暖氣設備的能源效率更高。而且，運用發電
廠或垃圾焚化廠的廢熱，還可以達到節能的目的。**丹麥**在1979年制
定法令，開始**由地方供應熱能，現在的熱能需求大約50％由地區熱
能供應取代**。

　　地區熱能供應系統的優點不僅是節能，更因為能削減化石燃料等
一次能源消耗量，所以也能達到**減少碳排**的效果。

回收廢熱的汽電共生

▶ 汽電共生的能源效率

以利用天然氣等瓦斯的汽電共生實例，來看看能源效率。

傳統的發電系統

發電廠的廢熱沒有利用就被丟棄了。而且經由電網輸送電力的過程中還會產生電力耗損，最後送達消費者的電力大約只有40%。

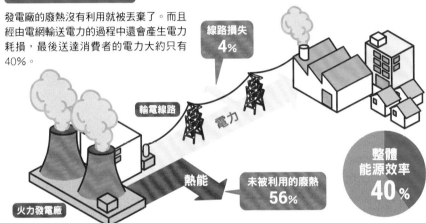

線路損失
4%

輸電線路

電力

整體能源效率
40%

熱能

未被利用的廢熱
56%

火力發電廠

汽電共生

藉由使用天然氣等瓦斯的汽電共生系統來發電。回收生產電力時的熱能，讓各個階段的能源效率提升。

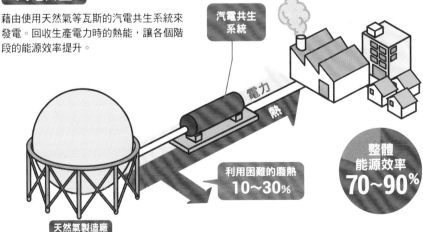

汽電共生系統

電力

熱

整體能源效率
70~90%

利用困難的廢熱
10~30%

天然氣製造廠

明天就想找人聊的能源話題 **第4章**

76 生活中可收集的能源！

[電]

原來如此！ 收集生活周遭的**微弱能量**，
也能加以利用的**能量擷取發電**！

我們的生活周遭，有許多沒有用到的振動及熱，**把這些微弱（低密度）的能源收集後轉換成電能，加以靈活運用，就稱為「能量擷取」（energy harvesting）**。「harvest」意指「擷取」。例如我們可以從道路或地板「擷取」振動的能源，或是從體溫、環境「擷取」熱能。好比說感應器、小型機器等，就能利用這些微弱的能源。以生活周遭的用品來說，像是透過陽光或室內照明「擷取」能源，轉換為電能藉以運作的手錶或計算機〔 **圖1** 〕。

近年來，JR東日本鐵路公司在東京車站，開始實驗利用乘客通過自動驗票口的振動來產生電力的「**發電地板**」。實驗的做法是在自動驗票機的地板設置將壓力轉換為電力的裝置，當乘客行經踩踏地板時就能引發振動而產生電力〔 **圖2** 〕。未來的目標是希望達到能夠**供應自動驗票機或顯示器的電力**，但目前仍處於必須改善發電效率的階段。依目前的實驗，乘客較多的日子一天可發電940kw秒，**相當於100瓦的燈泡可以發光160分鐘的電力**。若是持續進行研究，有朝一日或許將能迎接只要行人或汽車通過，就能發電的時代來臨。

「擷取」微弱能源

▶ 擷取發電的實例〔圖1〕

體溫

利用體溫的熱能來發電的穿戴式科技產品。

太陽光

利用太陽光或室內照明來發電的電子計算機。

水流

以流動的水讓水車運轉來充電的廁所。用於感應電器設備。

振動

以鍵盤輸入文字時的振動產生電力達到充電的目的，用於電腦的動力源。

▶ 發電地板的原理〔圖2〕

於JR東京車站進行的發電地板實驗。

把電力用於自動驗票機或顯示器。

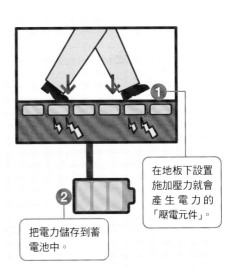

❶ 在地板下設置施加壓力就會產生電力的「壓電元件」。

❷ 把電力儲存到蓄電池中。

明天就想找人聊的能源話題　**第4章**

77

[發電]

有可能利用「聲音」發電嗎？

原來如此！ 或許未來汽車、電車、飛機的噪音，
都能成為發電的能源！

收集我們生活周遭沒利用到的能源，作為電能使用的「擷取發電」（➡P202），還有一種能源便是我們熟悉的「**聲音**」。

這個世界充滿各種聲音——人們說話的聲音、音樂、汽車、電車行駛的聲音、飛機的噪音等。如果要把這些聲音轉換成電力，可以做得到嗎？事實上，我們的耳膜（鼓膜），時常因聲音而振動。也就是說，**聲音也具有能量**〔**圖1**〕。

實際上，專家始終不斷在開發研究利用聲音來發電的裝置，日本更出現了研究「**聲音發電**」的新創企業。聲音發電的原理，和利用振動發電的發電地板（➡P202）相同。據該公司的研究所稱，他們利用外部施加壓力來產生電壓的水晶及鈦酸鋇等元件（壓電元件），已經成功提高發電效率〔**圖2**〕。

運用這項技術，只要能夠把建築外牆整體都覆蓋能有效將聲音轉換為電力的結構，就應當能把汽車、電車、飛機等發出的**吵雜噪音都轉換成電能**。不過，現階段即使利用巨大聲響仍然只能達到讓LED燈炮發亮的程度，所以要解決噪音問題可以說仍然是遙不可及的夢想。

把聲音的振動轉換成電力

▶「聲音」也是能源〔圖1〕

所謂聲音，是因為振動形成波動，並藉由空氣傳遞的現象。

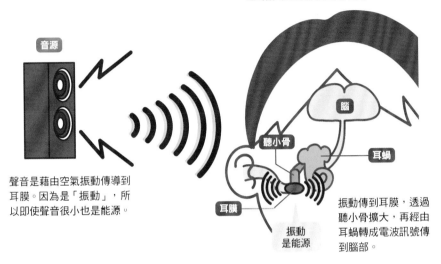

音源

聲音是藉由空氣振動傳導到耳膜。因為是「振動」，所以即使聲音很小也是能源。

腦

聽小骨

耳蝸

耳膜

振動
是能源

振動傳到耳膜，透過聽小骨擴大，再經由耳蝸轉成電波訊號傳到腦部。

▶聲音發電的原理〔圖2〕

聲音發電是在壓電元件（能把壓力轉換成電能）上，藉由聲音振動施加壓力來發電。

壓電元件

電極

電極

聲音的振動

把噪音變電力

建築物的外牆如果能裝設聲音發電系統的設計，應該就可以把噪音轉換成電力。雖然只是極少量的電力，但或許能因此解決噪音問題。

盡情玩就能夠發電？

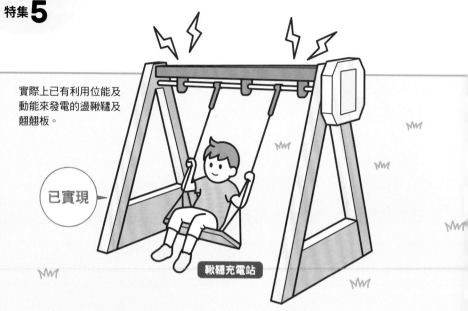

實際上已有利用位能及
動能來發電的盪鞦韆及
翹翹板。

已實現 ←

鞦韆充電站

近年來開始出現讓小學生思考未來能源創意的競賽或活動。其中出現許多「唱歌就能發電的卡拉OK」、「飼養巨大的蟲以借牠的力量」等如夢般的點子。但其中也有實際上已實現的創意。其中一個就是**只要盡情遊戲就能發電的「發電公園」**。

利用生活周遭「會動的東西」的動能來發電的構想，可以說就是一種**能量擷取**（➡P202）。你是否曾見過踩腳踏車來發電的場景呢？這個方法就是把車輪轉動的動能轉換為電能，實際上是有可能發電的。以這個原理應用在公園的遊樂設施上，似乎就能夠獲得極大的電力。

和鐘擺（➡P16）動態相似的盪鞦韆，應該也是**運用動能與位能**不是嗎？千葉縣的JR柏站前就設置了荷蘭開發的「**鞦韆充電站**」。

夢幻的「發電公園」

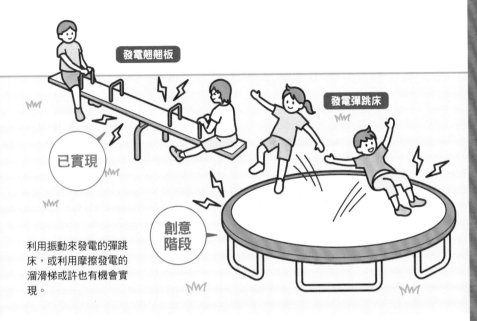

發電翹翹板

發電彈跳床

已實現

創意
階段

利用振動來發電的彈跳床，或利用摩擦發電的溜滑梯或許也有機會實現。

鞦韆上設置了充電線，可以把盪鞦韆時產生的電力用來為智慧型手機充電。

另外，英國有個學生，因為肯亞的志工計畫而靈光一閃，開發出可以**邊玩邊發電的翹翹板**。這個翹翹板**只需玩10分鐘，就能供應教室好幾個鐘頭的電力**。這幾個遊具設計都較單純，如果能多增加這類設施，不久的將來或許就能實現所有遊具都是能夠邊玩邊發電的「發電公園」了。

78 因為能源而引發的戰爭？

原來如此！
能源也是**太平洋戰爭**的導火線，
近代戰爭的背景因素則與**爭奪石油**有關！

人類自古以來，就會為了確保水源、食物、礦物等資源而發生戰爭。到了近代，為了確保擁有與產業發展息息相關的化石燃料，，各國因此一再地發生紛擾與戰爭。

1900年代，不論**產業或軍事方面，石油的重要性愈發高漲**，尤其是英國，海軍的燃料從煤轉變為石油，意圖擴大軍事力量的英國與印度之間，為了爭奪**北美索不達米亞（現在的伊拉克）的油田，一再擴大兩國間的衝突**〔**右圖**上〕。

石油更是太平洋戰爭的導火線。日中戰爭時的日本，1941年時被美國、英國、荷蘭全面禁輸石油，因此**為了確保石油來源，侵略了荷蘭領土的東印度（現在的印尼）**〔**右圖**下〕。為此，繼美國、英國之後，荷蘭也對日本宣戰，逐漸擴大了戰線。

2022年2月24日開始的俄羅斯與烏克蘭戰爭，其實也是肇始於能源而引發各種盤根錯節的問題。能源的爭奪，不僅是爭戰的導火線，也對全世界的能源供應與國家安全帶來莫大影響。

20世紀是石油的時代

▶石油爭奪戰

1900年代 第一次世界大戰前
英德軍備競賽

 英國

為了取得海軍的軍艦燃料石油，覬覦伊朗與當時為鄂圖曼帝國領土的伊拉克。

VS

 德國

提出興建連接柏林與巴格達的鐵路等計畫，與鄂圖曼帝國建立了良好關係，而與英國對立。

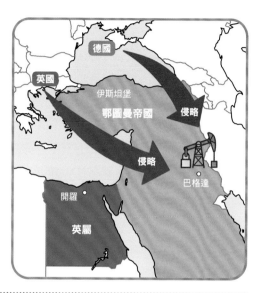

1941年 太平洋戰爭
日本侵略東南亞

● 日本

與中國發生了中日戰爭。日本遭各國禁止石油輸入，因而侵略當時的荷屬東印度。

VS

 美國
英國 荷蘭

禁止石油輸入到日本。紛紛向侵略荷屬東印度的日本宣戰。

79
[歷史]

因為能源研究
得到諾貝爾獎的人？

原來如此！ 包含日本人在內的多數諾貝爾得獎者
都對**能源研究**等有貢獻！

諾貝爾獎包括了物理學獎、化學獎、生理學或醫學獎、文學獎等，尤其是物理學獎及化學獎，多數都是以某個形式和能源相關的研究人員〔**右圖**〕。其中，對我們生活產生極大影響的，**是2019年因為開發鋰離子電池而獲得化學獎的吉野彰、古迪納夫（John B. Goodenough）、惠廷翰（M. Stanley Whittingham）**（都是美國籍）。

鋰離子電池廣泛用於智慧手機、平板、筆記型電腦等行動裝置，以及數位相機、電動車、混合電動車等產品的電池，或家用蓄電池等。是我們**每天的生活中不可或缺的二次電池**（可以重複充電多次使用的電池）。

一般認為鋰離子電池在解決今後的環境問題及能源問題上將扮演重要的角色，也是獲獎的原因。**鋰離子電池比其他相同體積與重量的二次電池能夠充電更多次**。因此，在再生能源中，作為發電的蓄電功能十分稱職。另外，**相較以往曾是主流、使用鉛製成的蓄電池，鋰離子電池的製作原料，也對環境更友善**。

▶ 和能源有關的主要諾貝爾獎得主

對和平利用核能有貢獻

穆罕默德・巴拉迪（1942年～）

和平獎（2005年）

埃及政治家。擔任促進核能和平利用的國際原子能總署（IAEA）的第四任幹事長，與IAEA同時獲獎。

研究地球暖化與經濟的關係

威廉・諾德豪斯（1944年～）

經濟學獎（2018年）

美國經濟學家。確定「地球暖化的統合評鑑模式」，也能運用於各國的環境對策、國際會議。和保羅・羅默共同獲獎。

開發鋰離子電池

吉野彰（1948年～） ●

化學獎（2019年）

在大型綜合化學企業協力下，研究開發鋰離子電池。與美國籍的古迪納夫等人共同發明了鋰離子電池。

實證氣候變遷原理

真鍋淑郎（1931年～）

物理學獎（2021年）

出生於日本的美國籍地球科學家。以電腦模擬實證當二氧化碳增加會影響地球暖化。

其他得獎者

年份	得獎者	國籍	分類	獲獎原因
1918年	馬克斯・普朗克	德國	物理學獎	發現能量量子，普朗克的影響力，使愛因斯坦的理論受到重視。
1977年	伊利亞・普里高津	比利時	化學獎	非平衡熱力學的研究，也被運用於氣象學。
1995年	保羅・克魯岑	荷蘭	化學獎	對大氣化學的研究，尤其是臭氧的形成與分解。為臭氧層遭破壞敲響警鐘。
	馬里奧・莫利納、舍伍德・羅蘭	美國		
2007年	政府間氣候變化專門委員會	美國	和平獎	為防止氣候變遷所需要的措施奠定基礎而努力。
	阿爾・戈爾	美國		
2014年	赤崎勇・天野浩	日本	物理學獎	發明藍色發光二極體（➡P190）。帶來了LED的普及。
	中村修二	美國（出生於日本）		

80 [歷史] 江戶時代使用的主要能源是什麼？

原來如此！ 巧妙運用**太陽光**及**生質能**，打造了一個**對環境無負擔**的社會！

　　歐洲發生工業革命，開始大量使用煤炭的18世紀後半，正值日本江戶時代中期。江戶時代被稱為是一個**擅長利用太陽恩賜，不浪費自然能源的時代**〔**右圖**〕。

　　首先是**江戶時代的動力來源基本上來自人力及家畜**。人們挑著扁擔運送物品、以轎子載人、利用牛馬來耕田。不論人類或家畜的能量來源，追本溯源都是來自太陽的光能。由於是從進行光合作用的植物或浮游生物，經過食物鏈而獲得能源（ ➡P34 ），所以並未排放二氧化碳。

　　照明方面，不是使用煤氣燈，而是使用**芝麻油或菜籽油**等植物提煉的油，或是從**沙丁魚、鯨魚、秋刀魚等魚類取得的油**。沒有使用冷暖氣機也未使用化石資源。當時是利用空氣降溫消除熱氣的現象，以**水淋或潑水**的方式來消暑；天寒的時候，雖然會在**火盆或地爐**燃燒木炭取暖。不過當時森林資源豐富，所以就算使用燃料排放了二氧化碳，應當也會被樹木吸收。雖然我們不可能再回到當時的生活方式，但或許我們可以從當中得到節能的靈感。

從大自然取得最基本能源

▶善用太陽光能的江戶時代

江戶時代的人們充分善用有限的資源。

移動時全都靠自己的雙腳，或是馬、轎子。

農民到街上賣完菜之後，將人畜的糞料帶回作為農作的肥料。

在家以地爐、火盆取暖，燃料是從附近的茂密森林取得。

收割藉著陽光成長的農作物。利用牛來耕作。

照明使用油菜籽製成的菜籽油、芝麻油，或從鯨魚、魚類取得的鯨油、魚油。

81 [知識] 愛護地球的企業會賺錢？什麼是「ESG投資」

原來如此！ 投資**重視環境的企業**！
投資方法也**形形色色**！

當全球都樹立了減少溫室氣體排放量的目標（➡P144），人們比過去更加重視國家或企業的制度是否齊備，對於友善環境的意識也更高。

在投資領域也產生了變化，投資不再只是關注營業額及淨利率等數字，**企業是否為友善環境而努力，或依據企業態度選擇投資標的之趨勢產生了**。這樣的投資，稱為「**ESG投資**」〔**圖1**〕。

所謂的ESG，是來自「Environment」（環境）、「Social」（社會）、和「Governance」（公司治理）這3個詞彙的字首。尤其是「環境」，過去在投資時雖然是較少列入考量的要素，但今後**友善環境的經營策略**，很可能直接**影響企業的評價**。

ESG投資有許多不同的篩選方式〔**圖2**〕。比方說，「**負面排除法**」的篩選方式是對環境設定如「碳排量必須限制在某個量以下」等標準，若是未達到標準的企業，則從投資標的排除的方法。

「**永續主題投資**」則是投資那些設定和企業永續性關係較深的環境主題，例如「開發再生能源技術」等，進行和永續主題相關事業的企業。

▶什麼是ESG投資？〔圖1〕

依據「Environment」（環境）、「Social」（社會）、和「Governance」
（公司治理）這3個觀點來選擇投資標的，就是ESG投資。

環境	社會	公司治理
● 使用再生能源 ● 減少碳排 ● 減少工業廢棄物　等	● 錄用多樣化人才 ● 女性在職場也能發揮所長 ● 對地方的貢獻　等	● 經營管理、監督 ● 資訊公開 ● 高資本效率　等

▶ESG投資的篩選方式〔圖2〕

這裡看看和能源及環境相關的2個篩選方式。

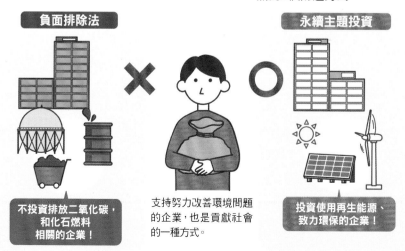

負面排除法

永續主題投資

不投資排放二氧化碳，和化石燃料相關的企業！

支持努力改善環境問題的企業，也是貢獻社會的一種方式。

投資使用再生能源、致力環保的企業！

肉眼看不見，但確實存在！
能源的種類

或許平時我們不太會注意到，
但我們的生活中充滿各種能源。
能源依照不同的想法或分類而有許多種類，
這裡介紹代表性的其中幾種能源。

1 Kinetic energy 「動能」 詳見 P22

簡單來說… **正在運動的物體具有的能量！**

正在運動的物體，具有能夠讓其他物體移動或變形的能量。愈重愈快速的
物體，具有愈重的能量。讓風力發電、波浪發電的風車運轉的，可以說就
是運動的空氣所具有的動能。

2 Potential energy 「位能」 詳見 P26

簡單來說… **位在高處的物體具有的能量！**

物體因為「特定位置」而儲存
的能量。愈重的物體在愈高的
位置具有的能量愈大。水力發
電是利用在高處建造水庫，把
水的位能轉換成動能來發電。

3 Thermal energy
「熱能」 詳見 P20

簡單來說… **原子與分子運動產生的能量！**

因為構成物質的原子與分子運
動而形成能量（➡P194）。
原子與分子運動愈激烈，愈能
產生高溫。熱能只會從高溫物
質往低溫物質移動，不會反向
移動。運用於火力發電或地熱
發電。

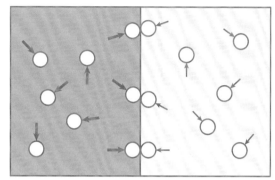

4 Electrical energy
「電能」 詳見 P46

簡單來說… **自由電子移動產生的能量！**

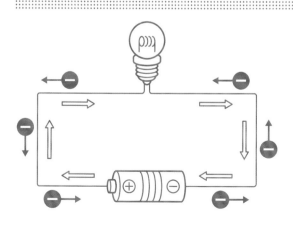

基本粒子「自由電子」移動
而產生能量。自由電子由負
極往正極移動；電流則是正
極往負極移動。電能大多都
是從動能或熱能等其他能量
轉換而來。

217

5 Light energy
「光能」 詳見 P60

簡單來說… **肉眼可見的光所具有的能量！**

所謂的光，是指電磁波
中，波長380～760nm，
肉眼可見的光線。使用太
陽能板的太陽能發電，就
是使用光能來發電。光能
的大小，由光裡面含有的
光子量或波長來決定。

6 Chemical energy
「化學能」 詳見 P32

簡單來說… **化學反應釋放出的能量！**

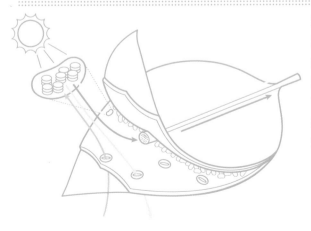

因為化學反應，物質變化
為其他物質時而形成的能
量。以熱、光、電等其他
能量的形式釋放出來。也
可以說是植物進行光合作
用，其他生物透過消化把
食物轉變成化學能。

7 Nuclear energy
「核能」 詳見 P76

簡單來說… **原子核的分裂、融合所產生的能量！**

因為原子核的核反應同時釋放出
的龐大能量。核能發電是讓鈾的
原子核產生核分裂，將產生的能
量轉換成熱能來發電。利用核融
合形成能量的方式也在開發中。

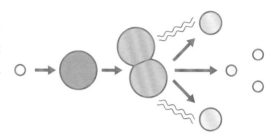

其他的能量

以下是其他加上「～能」的能量。

Elastic energy
「彈性位能」
彈簧、橡皮等有彈性的物體在變形時
產生的能量。屬於位能的一種。

Vibrational energy
「振動能」
物體振動而產生的能量，和動能、位
能有關。

Solar energy
「太陽能」
屬於光能，透過太陽光形成的能量。

Sound energy
「聲能」
因為空氣振動形成聲波而傳導出「聲
音」的能量。

從已知用火到巴黎協定
能源的歷史

1859年 德雷克（美國）世界首次**開採石油**成功

1873年 格拉姆（比利時）在萬國博覽會展出發電機，
偶然發現**發電機可以成為電動機**

1877年 奧托（德國）發明**內燃機**，
並取得專利（➡P44）

1878年 斯萬（英國）發明史上第一個**鎢絲燈泡**

1881年 愛迪生（英國）在美國設立**世界第一座發電廠**（水力）

1882年 愛迪生（英國）在美國開始啟動商用**火力發電廠**
藤岡市助（日本）等人在銀座公開**日本首次點亮弧光燈**（➡P118）

1884年 帕森斯（英國）發明**蒸汽渦輪機**

1891年 拉庫爾（丹麥）開發世界第一個**風力發電裝置**

1893年 狄塞爾（德國）開發**柴油引擎**

1897年 湯姆森（英國）發現**電子**

1908年 福特汽車（美國）推出T型車，
開始**汽車的量產販售**

1918年 奇異公司（美國）開始生產**燃氣渦輪引擎**

1932年 查德威克（英國）發現**中子**

1942年 費米（義大利）完成世上第一個**核子反應爐**，
成功控制核分裂反應（➡P174）

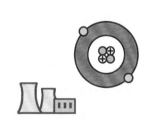

1958年 美國人造衛星「先鋒1號」、
使用**太陽能電池**

1962年 荷羅雅克（美國）
發明**LED燈（發光二極體）**（➡P190）

1989年 赤崎勇、天野浩（均為日本）
發明**藍色LED**（➡P190）

1991年 吉野彰（日本）等人開發的
鋰離子電池商品化（➡P210）

1997年 COP3通過**京都議定書**（➡P144）

2015年 COP21通過**巴黎協定**（➡P144）

索引

參考文獻

《見てわかる！エネルギー革命：気候変動から再生可能エネルギー、カーボンニュートラルまで》
一般財団法人エネルギー総合工学研究所（誠文堂新光社）
《図解でわかる14歳からの脱炭素社会》インフォビジュアル研究所（太田出版）
《脱炭素時代を生き抜くための「エネルギー入門」》齋藤勝裕（実務教育出版）
《エネルギーをめぐる旅》古舘恒介（英治出版）
《図解雑学 知っておきたい原子力発電》竹田敏一（ナツメ社）

監修者 **一般財團法人 能源綜合工學研究所**

1978年4月1日以「財團法人能源綜合工學研究所」之名成立。基於「開拓能源的未來需要的是技術」的認知，成立智庫而持續研究活動，研究領域涵蓋地球環境、新能源、電力系統、氫能源、碳循環能源、核能等多方面領域。尤其近年來，有關二氧化碳有效利用技術開發推進，以及在碳中和等零碳排領域皆擁有最先進的資訊。出版品包括《圖解碳中和》（暫譯，技術評論社）等。
本書負責人：井上智弘、川村太郎、木野千晶、工藤未奈

執筆協助	地蔵重樹、金子千鶴代
插畫	添田あき、堀口順一朗、北嶋京輔、栗生ゑゐこ
設計	佐々木容子（カラノキデザイン制作室）
校閱	西進社
編輯協助	石川守延（株式会社サティスフィールド）

圖解人類活動不可或缺的能源
缺電問題、核電危機、淨零碳排……零概念看懂影響全球的能源議題！

2023年7月1日初版第一刷發行

監　　修	一般財團法人能源綜合工學研究所
譯　　者	卓惠娟
特約編輯	陳祐嘉
編　　輯	曾羽辰
發 行 人	若森稔雄
發 行 所	台灣東販股份有限公司
	＜地址＞台北市南京東路4段130號2F-1
	＜電話＞(02)2577-8878
	＜傳真＞(02)2577-8896
	＜網址＞http://www.tohan.com.tw
郵撥帳號	1405049-4
法律顧問	蕭雄淋律師
總 經 銷	聯合發行股份有限公司
	＜電話＞(02)2917-8022

TOHAN

國家圖書館出版品預行編目(CIP)資料

圖解人類活動不可或缺的能源：缺電問題、核電危機、淨零碳排……零概念看懂影響全球的能源議題!/一般財團法人能源綜合工學研究所監修；卓惠娟譯. -- 初版. -- 臺北市：臺灣東販股份有限公司, 2023.07
224面；14.4×21公分
譯自：イラスト＆図解知識ゼロでも楽しく読める！エネルギーのしくみ
ISBN 978-626-329-750-0(平裝)

1.CST: 能源 2.CST: 通俗作品

554.68　　　　　　　　　　　112002196